Bernd Schmitt
Schnelleinstieg
E-Books erstellen und vermarkten

Bernd Schmitt ist Webdesigner, Audioproducer und Fachbuchautor. Für WordPress begeistert er sich seit den Anfängen vor über 10 Jahren. Als Dienstleister bietet er auch die Erstellung von Webshops, eBooks und Audiobooks an.

Bernd Schmitt

SCHNELLEINSTIEG E-BOOKS ERSTELLEN UND VERMARKTEN

RANZIS

Bibliografische Information der Deutschen Bibliothek

Die Deutsche Bibliothek verzeichnet diese Publikation in der Deutschen Nationalbibliografie; detaillierte Daten sind im Internet über http://dnb.ddb.de abrufbar.

Alle Angaben in diesem Buch wurden vom Autor mit größter Sorgfalt erarbeitet bzw. zusammengestellt und unter Einschaltung wirksamer Kontrollmaßnahmen reproduziert. Trotzdem sind Fehler nicht ganz auszuschließen. Der Verlag und der Autor sehen sich deshalb gezwungen, darauf hinzuweisen, dass sie weder eine Garantie noch die juristische Verantwortung oder irgendeine Haftung für Folgen, die auf fehlerhafte Angaben zurückgehen, übernehmen können. Für die Mitteilung etwaiger Fehler sind Verlag und Autor jederzeit dankbar. Internetadressen oder Versionsnummern stellen den bei Redaktionsschluss verfügbaren Informationsstand dar. Verlag und Autor übernehmen keinerlei Verantwortung oder Haftung für Veränderungen, die sich aus nicht von ihnen zu vertretenden Umständen ergeben. Evtl. beigefügte oder zum Download angebotene Dateien und Informationen dienen ausschließlich der nicht gewerblichen Nutzung. Eine gewerbliche Nutzung ist nur mit Zustimmung des Lizenzinhabers möglich.

© **2015 Franzis Verlag GmbH, 85540 Haar bei München**

Alle Rechte vorbehalten, auch die der fotomechanischen Wiedergabe und der Speicherung in elektronischen Medien. Das Erstellen und Verbreiten von Kopien auf Papier, auf Datenträgern oder im Internet, insbesondere als PDF, ist nur mit ausdrücklicher Genehmigung des Verlags gestattet und wird widrigenfalls strafrechtlich verfolgt.

Die meisten Produktbezeichnungen von Hard- und Software sowie Firmennamen und Firmenlogos, die in diesem Werk genannt werden, sind in der Regel gleichzeitig auch eingetragene Warenzeichen und sollten als solche betrachtet werden. Der Verlag folgt bei den Produktbezeichnungen im Wesentlichen den Schreibweisen der Hersteller.

Produktmanagement: Dr. Markus Stäuble
Lektorat: Ulrich Dorn
Satz und Layout: Nelli Ferderer, nelli@ferderer.de
art & design: www.ideehoch2.de
Druck: CPI-Books
Printed in Germany

ISBN 978-3-645-60435-2

INHALT

1. E-BOOKS SCHREIBEN ... 12

- 1.1 Ich bin dann mal Autor ... 12
  - 1.1.1 Für ein Genre entscheiden ... 12
- 1.2 Verlag oder Self-Publishing? ... 14
  - 1.2.1 Verleger, Händler und Autoren ... 14
  - 1.2.2 Self-Publishing als Sprungbrett ... 15
  - 1.2.3 Nicht alles selber machen! ... 16
- 1.3 Kleine Rechtskunde ... 16
  - 1.3.1 Urheberrecht ... 16
  - 1.3.2 Nutzungsrecht ... 16
  - 1.3.3 Bildrechte ... 17
  - 1.3.4 Buchpreisbindung ... 17
  - 1.3.5 Impressumspflicht ... 18
  - 1.3.6 Deutsche Nationalbibliothek ... 19
- 1.4 Unter Pseudonym veröffentlichen ... 20
  - 1.4.1 Veröffentlichung unter Pseudonym ... 20
  - 1.4.2 Pseudonym, Cover und Impressum ... 20
- 1.5 Typisch E-Book ... 21
  - 1.5.1 Klappentext ... 21
  - 1.5.2 Leseprobe ... 22
- 1.6 Die ISBN ... 22
  - 1.6.1 Ohne ISBN ... 23
  - 1.6.2 Kostenlose ISBNs ... 23
  - 1.6.3 ISBN und eISBN ... 24
  - 1.6.4 Neue Auflage – neue ISBN? ... 24
- 1.7 E-Book-Reader-Hardware ... 25
  - 1.7.1 Kindle ... 25
  - 1.7.2 Tolino ... 25
  - 1.7.3 Pocketbook ... 26
  - 1.7.4 Kobo ... 26
  - 1.7.5 iPad ... 26

- 1.8 E-Book-Reader-Software 27
  - 1.8.1 Kindle-Lese-Apps 27
  - 1.8.2 Google Play Books 27
  - 1.8.3 Der Bluefire Reader 28
  - 1.8.4 Adobe Digital Editions 28
  - 1.8.5 Firefox EPUBReader 29
- 1.9 Ordentliches Manuskript 30
  - 1.9.1 OpenOffice oder LibreOffice 30
  - 1.9.2 Mit Formatvorlagen arbeiten 31
  - 1.9.3 Text und Überschriften 31
  - 1.9.4 Steuerzeichen anzeigen lassen 32
  - 1.9.5 Inhaltsverzeichnis 33
  - 1.9.6 E-Book-Tabus 33
  - 1.9.7 Unterstreichungen sind verboten 34
  - 1.9.8 Text und Bilder 34
  - 1.9.9 Aufzählungen und Tabellen 34
- 1.10 Schlampiges Manuskript 35
- 1.11 Sichern und exportieren 36

2. E-BOOKS FORMATIEREN 38

- 2.1 Kleine Formatkunde 38
  - 2.1.1 Formate und Kopierschutz 38
  - 2.1.2 Das PDF-Format 39
  - 2.1.3 Formate für Autoren 39
- 2.2 ePub unter der Lupe 40
  - 2.2.1 ePub öffnen 40
  - 2.2.2 ePub ausgepackt 41
  - 2.2.3 XHTML-Dateien 41
  - 2.2.4 CSS-Ordner 41
  - 2.2.5 OPF-Datei 42
  - 2.2.6 TOC-Datei 42
- 2.3 Überschriften und Inhaltsverzeichnis 43
  - 2.3.1 Funktion der Überschriften in E-Book 43

- 2.4 Aufzählungen und Tabellen 43
  - 2.4.1 Eine einfache Liste 44
  - 2.4.2 Eine nummerierte Liste 45
  - 2.4.3 Eine Tabelle 45
- 2.5 Cover und Bilder 46
  - 2.5.1 Cover 46
  - 2.5.2 Bilder im Buch 46
  - 2.5.3 Metadaten 47
- 2.6 Crashkurs HTML 48
  - 2.6.1 HTML für den E-Book-Bau 48
  - 2.6.2 Überschriften in HTML 49
  - 2.6.3 Absätze in HTML 49
- 2.7 Crashkurs CSS 50
  - 2.7.1 CSS im Einsatz 50
  - 2.7.2 CSS-Grundbegriffe 50
  - 2.7.3 Absolute und relative Werte 51
  - 2.7.4 Überschriften 51
- 2.8 Das richtige Werkzeug 52
  - 2.8.1 Writer2epub 52
  - 2.8.2 Calibre 53
  - 2.8.3 Jutoh 53
  - 2.8.4 Sigil 53
  - 2.8.5 Sonstige Werkzeuge 54
- 2.9 Der richtige Workflow 54
  - 2.9.1 Methode 1: Writer2ePub plus Calibre 55
  - 2.9.2 Methode 2: Alles in Jutoh 55
  - 2.9.3 Methode 3: Sigil plus Calibre 55
- 2.10 Kostenlose Profitools 56
  - 2.10.1 Der Bildkonverter iResize 56
  - 2.10.2 Der HTML- und CSS-Editor Brackets 56
  - 2.10.3 Das Grafikprogramm PhotoFiltre 56

3. EIN KRIMI MIT WRITER2EPUB 58
3.1 Rohmaterial für einen Krimi 58
3.2 Writer2ePub installieren 59
3.2.1 Extension Manager nutzen 59
3.3 Writer2ePub im Einsatz 60
3.3.1 Metadaten und Cover 60
3.3.2 Text splitten mit Writer2ePub 61
3.4 ePub erstellen 61
3.5 Calibre installieren 62
3.5.1 Qualitätskontrolle in Calibre 62
3.5.2 Den Krimi in Calibre ansehen 63
3.5.3 Konvertierung in das Mobi-Format 63

4. EIN ROMAN MIT JUTOH 66
4.1 Jutoh installieren 66
4.1.1 Jutoh-Download 66
4.2 Zusatzprogramme 66
4.3 Jutoh-Überblick 67
4.3.1 Import- und Exportformate 67
4.4 Romanprojekt anlegen 69
4.5 Texterstellung vorbereiten 70
4.6 Im Editor schreiben 70
4.7 Text formatieren 71
4.7.1 Überschriften formatieren 71
4.7.2 Feinheiten im Text 72
4.8 Dokument aufteilen 72
4.9 Bild einfügen 73
4.10 Metadaten ergänzen 75
4.11 Inhaltsverzeichnis erstellen 75
4.12 Export nach ePub und Mobi 76

5. EIN SPRÜCHEBUCH MIT SIGIL ... 78

- 5.1 Ein klarer Fall für Sigil ... 78
- 5.2 Nach der Installation ... 79
  - 5.2.1 Sigil-Buchbrowser ... 81
  - 5.2.2 Quelltext- und Buchansicht ... 81
- 5.3 Ein neues Projekt anlegen ... 82
  - 5.3.1 Manuskript einfügen ... 82
  - 5.3.2 Rohmaterial des Sprüchebuchs ... 83
  - 5.3.3 Rohmaterial im Quellcode ... 83
  - 5.3.4 Grundformatierung ... 84
- 5.4 CSS erzeugen und verknüpfen ... 84
  - 5.4.1 Stylesheet erzeugen ... 84
  - 5.4.2 Stylesheet verknüpfen ... 85
- 5.5 CSS nach Maß ... 86
  - 5.5.1 Überschriften definieren ... 86
  - 5.5.2 Standardabsatz erstellen ... 87
  - 5.5.3 Der Klassenkampf ... 87
  - 5.5.4 Einen Absatz zentrieren ... 88
  - 5.5.5 Absatz mit Einzug ... 88
  - 5.5.6 Bild und Bildunterschrift ... 89
- 5.6 Kapitel und Inhaltsverzeichnis ... 91
  - 5.6.1 Inhaltsverzeichnisse in Sigil ... 92
- 5.7 Coverbild und Metadaten ... 92

6. E-BOOKS VALIDIEREN ... 94

- 6.1 Programmeigene Validierung ... 94
  - 6.1.1 Validierung eines E-Books mit Sigil ... 94
  - 6.1.2 Validierung eines E-Books mit Calibre ... 95
- 6.2 Externe Validierung ... 97
  - 6.2.1 pagina EPUB-Checker ... 97
  - 6.2.2 EPUB Validator ... 98
  - 6.2.3 Kindle Previewer ... 98

Inhalt

6.3	Software-Qualitätskontrolle	99
6.4	Hardware-Reader-Check	101

7. E-BOOKS VERKAUFEN 102

7.1	E-Book-Shops		102
	7.1.1	Amazon	102
	7.1.2	Kindle Unlimited	103
	7.1.3	iBook Store	103
	7.1.4	Google Play Book Store	104
7.2	Distributoren sparen Arbeit		105
	7.2.1	Distributor-ISBNs nutzen	105
	7.2.2	Distributoren treten als Verlage auf	106
	7.2.3	Tolino als Distributor	106
	7.2.4	Neobooks	106
	7.2.5	Bookrix	107
	7.2.6	Bookmundo	107
7.3	Thema Kopierschutz		107
	7.3.1	Hard-DRM	107
	7.3.2	Soft-DRM	108
	7.3.3	Kein DRM	108
	7.3.4	Amazon und Apple	108
	7.3.5	Kopierschutz aus Autorensicht	109
7.4	Zur Preisgestaltung		109
	7.4.1	Amazons Preisschwelle	109
	7.4.2	Distributor im Auge haben	110
7.5	Strategien für den Verkauf		110
	7.5.1	Einen einzelnen Shop nutzen	110
	7.5.2	Amazon als alleinige Plattform	111
	7.5.3	Apple als alleinige Plattform	111
	7.5.4	Einen kleineren Shop nutzen	111
	7.5.5	Einen einzelnen Distributor nutzen	111
	7.5.6	Mischung von Einzelshops und Distributoren	112

7.6	Ein eigener Webshop?		112
	7.6.1	Webshop-Plug-ins	112
7.7	E-Book-Marketing online		113
	7.7.1	Präsentation auf den Verkaufsplattformen	114
	7.7.2	Die Macht der Schlagwörter	114
	7.7.3	Kategorien und Beschreibungen	115
	7.7.4	Autorenseite auf der Verkaufsplattform	115
	7.7.5	Eigene Website und Social Media	116
	7.7.6	Buch-Trailer	116
	7.7.7	Die Bloggerszene	118
	7.7.8	Blogtouren	118
7.8	E-Book-Marketing offline		119
	7.8.1	Lesungen und Veranstaltungen	119
	7.8.2	Presse- und Öffentlichkeitsarbeit	119

8. NÜTZLICHE RESSOURCEN ... 122

8.1	Autorenprogramme und Shops	122
8.2	E-Book-Reader (Hardware)	123
8.3	E-Book-Reader (Software)	124
8.4	Editoren für E-Book-Bauer	124
8.5	Ressourcen und Standards	125
8.6	Hilfeseiten für Self-Publisher	125

INDEX ... 126

1 E-BOOKS SCHREIBEN

Ob Krimi, Roman oder Kinderbuch – das E-Book ist ein ideales Medium, um die Welt der Literatur selbst mitzugestalten. Sie haben sich entschlossen, vom eigenen Buch nicht nur zu reden, sondern Ihre Idee auch zu verwirklichen? Dann seien Sie herzlich willkommen!

1.1 Ich bin dann mal Autor

Die Autorinnen und Autoren von heute sind in der glücklichen Lage, alle Schritte in Eigenregie zu gehen – ohne sich in Unkosten zu stürzen. Die nötigen Programme für das eigene E-Book werden in diesem Buch erklärt. Sie sind entweder kostenlos oder für schmale Budgets geeignet, und das ohne Abstriche bei der Qualität. Im Gegenteil – die hier vorgestellten Programme meistern ihre Aufgaben durchwegs besser als so manches teure Profiprogramm!

Für eine praxisnahe Erklärung der einzelnen Schritte sorgen drei E-Book-Workshops mit unterschiedlichen Anforderungen.

- Der Krimi »Mord in Pompeji« von Anna Vendetta (siehe Kapitel 3). Das Buch besteht nur aus Cover, Überschriften und Text, die Formatierung ist entsprechend einfach. Ideal für Einsteiger!

- Der Roman »Autofreier Montag« von Einrad Abb (siehe Kapitel 4). In diesem satirischen Buch werden neben dem Cover weitere Bilder integriert. Die Formatierung ist etwas anspruchsvoller.

- Das lustige Sprüchebuch »Aldi Nord. Aldi Süd. Geteiltes Land« von Aphilia (siehe Kapitel 5). Natürlich muss zwischen den Sprüchen immer etwas Platz sein, jeder einzelne soll ja eine gewisse Wirkung entfalten. Das stellt höhere Anforderungen an die Formatierung.

1.1.1 Für ein Genre entscheiden

Sie müssen sich für ein Genre entscheiden! Möchten Sie einen Mittelalterroman veröffentlichen oder ein Buch über die nachweisbare Geschichte der deutschen Könige und Kaiser? Im ersten Fall bewegen Sie sich in der Belletristik, im zweiten Fall in der Welt der Sachbücher. Für beide großen Bereiche existiert wiederum eine Reihe von Unterabteilungen.

Zur Belletristik, der »schönen« Literatur, gehören historische Geschichten ebenso wie Science-Fiction-, Fantasy- und Kriminalromane. Wichtige Unterkategorien von Sachbüchern sind wissenschaftliche Werke, Ratgeber und Fachbücher zu allen erdenklichen Bereichen – von der Computerei bis zur Tierhaltung. Natürlich ist es erlaubt, die Genres bis zu einem gewissen Grad zu mischen, allerdings sollten Sie es dabei nicht übertreiben.

Bisher ist nämlich noch kein Buch in den Bestsellerlisten aufgetaucht, das aus einer Fifty-fifty-Mischung von Roman und Sachbuch besteht. Nun könnte man einwenden, dass zum Beispiel die Abenteuergeschichten von Jules Verne sehr wohl einen wissenschaftlichen Hintergrund haben. Einverstanden, aber trotzdem bleiben sie Romane! Ein gütlicher Vorschlag zur Unterscheidung der Genres:

- Ja. Die Konstrukteure von Unterseebooten und Mondraketen wurden von Jules Vernes Romanen inspiriert ...
- ...für ihre Berechnungen zum Antrieb verwendeten sie aber doch mathematische Fachbücher.

Mord in Pompeji

Inspektor Vesuvios erster Fall
Ein Krimi von Anna Vendetta

Schon das Cover muss das Genre auf den ersten Blick erkennen lassen. Hier handelt es sich zweifelsfrei um einen Krimi und nichts anderes.

ÜBUNG FÜR AUTOREN

Stellen Sie sich vor den Spiegel und sprechen Sie mehrmals laut den gleichen Satz: »Ich schreibe einen Krimi.« Oder: »Ich schreibe ein Sachbuch über Heilkräuter.« Oder: »Ich schreibe ein Fantasyepos.«

1.2 Verlag oder Self-Publishing?

Als Self-Publisher sind Sie Ihr eigener Chef und bringen Ihr E-Book unabhängig von einem Verlag auf den Markt. Da stellt sich natürlich die Frage, warum es überhaupt Verlage gibt und was die Menschen dort den ganzen Tag so treiben.

Die wichtigsten Abteilungen im Schnelldurchlauf:

- **Lektorat** und **Korrektorat** – Hier werden aus Manuskripten ordentliche Texte.
- **Grafik** – Zuständig für Cover, Bilder und Illustrationen.
- **Layout**, **Satz** und **Herstellung** – Hier wird das Buch zusammengesetzt.
- **Marketing** und **Vertrieb** – Klappern gehört zum Handwerk.
- **Verwaltung** und **Recht** – Zuständig für ISBNs, Tantiemen und Lizenzen.

Und dann gibt es in jedem Verlag eine Redaktion, die über das Verlagsprogramm entscheidet. Welches Buch wird auf den Markt gebracht und welches nicht?

Wie man sieht, nehmen die Verlage eine Menge Arbeit ab. Allerdings arbeiten die Lektoren, Designer und Juristen nicht umsonst. Das Autorenhonorar beträgt einige Prozente von jedem verkauften Exemplar.

1.2.1 Verleger, Händler und Autoren

In der Welt der gedruckten Bücher ist das Verhältnis zwischen Autoren, Verlagen und dem Buchhandel manchmal etwas angespannt. Man versteht sich nicht so richtig – allerdings ist das nicht persönlich gemeint, sondern liegt in der Natur der Sache.

Jeder Verlag hat begrenzte personelle Kapazitäten. Er kann beim besten Willen nur einen Bruchteil der eingeschickten Manuskripte als Buch herausbringen. Es bleibt keine andere Wahl, als die Autoren zu sieben.

Ähnlich geht es dem Buchhandel. Der Platz auf den Verkaufstischen und in den Regalen ist begrenzt, die Ladenmiete will bezahlt werden.

Außerdem haben die Buchhändler keine Zeit, direkt mit einzelnen Autoren Verhandlungen zu führen. In der Folge werden diejenigen Autoren bevorzugt, die den harten Auswahlprozess der Verlage bereits überstanden haben.

Die Einkäufer der großen Handelsketten wählen das Passende aus den Verlagsprogrammen aus, und genau diese Bücher landen dann in den Regalen.

Für unbekannte Autoren, die neu im Literaturbetrieb mitmischen möchten, sind das keine guten Startbedingungen. Sie fühlen sich wie Discogänger in den falschen Klamotten: Türsteher versperren den Zugang! So war das jedenfalls vor dem Durchbruch des E-Books.

TUN SIE DAS NICHT!

Was Buchhändler aus Höflichkeit verschweigen: Sie sind, gelinde gesagt, wenig erfreut über Autoren, die unangemeldet mit einem Karton eigener Bücher unter dem Arm im Laden erscheinen, um das eigene Werk dort verkaufen zu lassen. Jeder Regalplatz muss Umsatz erwirtschaften!

Wenn Sie nicht zumindest lokal prominent sind, kommen Sie mit dieser Hauruck-methode nicht zum Zug. Man wird zwar freundlich lächeln, Ihr gedrucktes Buch aber in der sogenannten »Giftschublade« verschwinden lassen. In den Regalen der E-Book-Shops ist dagegen Platz!

1.2.2 Self-Publishing als Sprungbrett

Durch das E-Book hat sich diese Situation erheblich entspannt. Bringen Sie Ihr Buch einfach als E-Book heraus! Wenn es sich gut verkauft, werden Sie von den Verlagen auch wahrgenommen – ohne dass Sie darum betteln müssen. Die Verlage haben längst ein Auge auf gute E-Book-Autoren geworfen.

Sehen Sie im E-Book eine Chance, von Verlagen entdeckt zu werden. Sie können nur gewinnen. Im Unterschied zum Papierbuch ist der Herstellungsprozess für das E-Book wesentlich einfacher und viel billiger.

Was der Self-Publisher braucht:

- Begeisterung für das Schreiben.
- Eine gute Idee und einen guten Text.
- Kostenlose Programme aus der Open-Source-Welt.
- Know-how zur E-Book-Erstellung.
- Ein paar rechtliche Grundkenntnisse.

1.2.3 Nicht alles selber machen!

Beim Self-Publishing müssen Sie die oben aufgezählten Jobs auf irgendeine Weise abdecken. Sie wären also im Extremfall nebenbei auch Korrektor, Lektor, Grafiker, Hersteller, Vertriebsleiter, Marketingprofi, Buchhalter und Justiziar. Ein bisschen viel für einen einzigen Menschen. Diese Ämterhäufung geht nicht nur zulasten Ihres Buchs, sondern auch Ihrer Gesundheit!

Autoren-Burn-out: vorbeugende Maßnahmen

- Spannen Sie Ihren Bekanntenkreis ein. Der Deutschlehrer darf das Lektorat übernehmen, der Webdesigner bei der Formatierung helfen.
- Nehmen Sie externe professionelle Hilfe in Anspruch. Ein gutes Cover ist unabdingbar für den Erfolg eines E-Books. Auf diversen Seiten im Internet finden Sie halbwegs bezahlbare Lösungen.
- Nutzen Sie die Serviceleistung von Autorenprogrammen, die von den verschiedenen Vertriebsplattformen angeboten werden. Diese Angebote, kostenlos oder gegen Bezahlung, sind zurzeit stark im Wachsen begriffen. Schreiben Sie auch ruhig einmal eine E-Mail an den Support oder beteiligen Sie sich an Foren.

1.3 Kleine Rechtskunde

Wer ein Buch selbst verfasst und nicht abgekupfert hat, ist automatisch der Urheber eines Werks und durch das Urheberrecht geschützt.

1.3.1 Urheberrecht

Dieses Recht können Sie weder übertragen noch verkaufen noch verlieren. Als Schöpfer leben Sie mit all Ihren Werken. Das muss nicht unbedingt zu Ihren Gunsten sein. Manchem etablierten Autor, Musiker oder Schauspieler treibt der Anblick seiner Frühwerke die Schamröte ins Gesicht. Zu spät!

1.3.2 Nutzungsrecht

Die Rechtsgeschäfte unterscheiden sich beim Handel von Papierbüchern und E-Books. In der Umgangssprache spricht man zwar vom Kauf eines E-Books, tatsächlich erwirbt der Käufer aber kein Eigentumsrecht, sondern nur ein Nutzungsrecht. Er darf das Buch also nicht einfach weitergeben. Außerdem gibt es beim E-Book keinen Umtausch wegen Nichtgefallens!

1.3.3 Bildrechte

Aufpassen müssen Sie, um bei den Bildrechten keinen Fehler zu begehen. Die Urheberrechte eines Bilds liegen immer beim Fotografen. Sie erwerben nur Nutzungs- und keine Urheberrechte. Etwas anders sieht es aus, wenn Sie Ihre Bilder am Computer produziert oder selbst fotografiert haben.

Beachten Sie dabei: Sie dürfen keine direkt erkennbaren Personen ohne deren Einwilligung fotografieren. Erlaubt sind lediglich Aufnahmen einer Menschenmasse, bei der die einzelnen Personen schwer zu identifizieren sind. Sie müssen also für eine Totalansicht von Neuschwanstein nicht alle Japaner wegscheuchen.

STOCKPHOTOS!

Wenn Sie schnell relativ günstig professionelle Grafiken und Bilder für das Cover oder den Inhalt Ihres E-Books benötigen, bietet sich auch der Einsatz von Stockphotos an. Der Begriff leitet sich aus dem englischen Wort für »Vorrat« ab. Große Agenturen wie Fotolia, iStockphoto oder Shutterstock bieten einen reichhaltigen Fundus an Bildern an, die Sie gegen Gebühr in Ihrem E-Book verwenden dürfen. Aber auch hier müssen Sie sich mit rechtlichen Dingen auseinandersetzen.

Lesen Sie die jeweiligen FAQs und Lizenzbedingungen genau durch, um unliebsame Überraschungen zu vermeiden. Unterschiedlich wird zum Beispiel die Kennzeichnungspflicht gehandhabt, also der Hinweis auf den Fotografen. Im Zweifelsfall fragen Sie beim Support nach, ob eine solche bei Websites übliche Kennzeichnungspflicht auch für E-Books gilt und an welcher Stelle der Hinweis angebracht werden muss.

1.3.4 Buchpreisbindung

Bekanntlich ist in Deutschland alles durch Paragrafen geregelt, und der Handel mit Büchern bildet da keine Ausnahme. Aber sind E-Books überhaupt Bücher? Ja, sagt das Buchpreisbindungsgesetz (BuchPrG), und verpasst der elektronischen Literatur gleich einen wunderschönen Namen: »Produkte, die Bücher reproduzieren oder substituieren«.

Die Preisbindung für gedruckte und elektronische Bücher unterscheidet sich also nicht. Aber sie schreibt lediglich vor, dass ein Buch bei allen Verkaufsstellen zur selben Zeit denselben Preis haben muss. Das heißt nicht, dass Sie den

Preis nicht nachträglich ändern dürfen. Nur müssen Sie die Änderung bei allen Verkaufsstellen konsequent durchhalten. Vorsicht: Sie dürfen keine spezielle Amazon-Preisaktion anbieten, während Ihr Buch bei einem anderen Portal zum vollen Preis zum Download bereitsteht.

Verboten ist nach dem deutschen Buchpreisbindungsgesetz eine Reihe von Marketingaktionen, wie sie typischerweise in den USA durchgeführt werden. Sie dürfen also keine Pakete aus verschiedenen Produkten schnüren, um Ihr Buch an die Leser zu bringen, und auch nicht jedem fünften Kunden das Buch schenken oder die Buchpreisbindung mit Gutscheinen unterlaufen.

Insbesondere Amazon versucht immer wieder, die deutsche Buchpreisbindung auszuhebeln – sehr zum Ärger der Verlage und des Buchhandels. Sie sollten genau abwägen, an welchen Aktionen Sie sich beteiligen. Im schlimmsten Fall handeln Sie sich juristischen Ärger mit dem Börsenverein des deutschen Buchhandels ein.

Was sagt das Buchpreisbindungsgesetz zum Unterschied zwischen gedruckten und elektronischen Ausgaben desselben Buchs?

Hier gilt:

- Ein E-Book ist ein eigenes Produkt. Druckausgaben und elektronische Ausgaben dürfen deshalb einen anderen Preis haben. Üblicherweise kosten E-Books etwas weniger.

- Verschiedene Formate desselben E-Books, also z. B. ePub und Mobi, dürfen sich im Preis nicht unterscheiden!

> **DER MEHRWERTSTEUERSATZ**
>
> Für gedruckte Bücher beträgt der Mehrwertsteuersatz in Deutschland 7 %, für E-Books aber 19 %.

1.3.5 Impressumspflicht

In Deutschland herrscht Impressumspflicht. Sie dürfen zwar unter einem Pseudonym schreiben, trotzdem müssen Sie als Autor über das Impressum mit einer ladungsfähigen Anschrift erreichbar sein. Nun fragen Sie sich, warum Sie in gedruckten Büchern keine Autorenadressen finden? Dort stehen in der Regel die Verlage für Ihre Autoren gerade. Als Self-Publisher müssen Sie sich aber selbst darum kümmern.

> **SO KÖNNTE IHR IMPRESSUM AUSSEHEN**
>
> **Impressum**
>
> Text
>
> Copyright by Conny Schreiber
>   Autorenweg 12
>   D-12345 Schreibstadt
>
> connyschreiber(at)provider(dot)de
>
> Lektorat, Korrektorat: Lektor XY
>
> Bildmaterialien
>
> Cover: © Copyright by Covergestalter XY
>
> Bilder im Buch: Copyright by Fotograf XY
>
> Alle Rechte vorbehalten.
>
> Veröffentlichung: 2. Januar 2016

Noch ein Tipp für den richtigen Ort: Beim Papierbuch steckt das Impressum meistens irgendwo zwischen Titelseite und Textbeginn, fürs E-Book ist die letzte Seite besser! So wird sichergestellt, dass in den automatisch generierten Leseproben der Shops kein wertvoller Platz verschwendet wird. Der Leser soll ja Lust auf den Inhalt des Buchs bekommen und nicht auf Formalitäten.

1.3.6 Deutsche Nationalbibliothek

Für E-Books gilt wie für Papierbücher: Die altehrwürdige Deutsche Nationalbibliothek bekommt ein Pflichtexemplar. Darum zu kümmern brauchen Sie sich aber in der Regel nicht, wenn Sie Ihr E-Book über einen Distributor auf den Markt bringen.

1.4 Unter Pseudonym veröffentlichen

Der Name J. K. Rowling klingt interessant und irgendwie geheimnisvoll. Für Fantasygeschichten ist der Name wie gemacht und auf jeden Fall passender als Bernd Schmitt. Sie haben es erraten, die Schöpferin der Harry-Potter-Saga heißt im wirklichen Leben völlig anders. Sie veröffentlicht unter Pseudonym. Die Gründe dafür sind ganz unterschiedlich. Einige Autoren ändern ihren Namen zum Schutz der eigenen Persönlichkeit, andere aus Marketinggründen.

Angenommen, Sie haben sich als Ratgeberautorin für den Kauf von Haushaltsgeräten einen guten Ruf erworben, planen aber nun die Herausgabe eines heißen Erotik-Thrillers. Trennen Sie die Bereiche lieber, um die Leserschaft nicht zu verwirren.

1.4.1 Veröffentlichung unter Pseudonym

Ja, auch Sie dürfen Ihr Buch unter einem Pseudonym veröffentlichen. So steht es im Urheberrecht geschrieben, und der Schutz Ihres geistigen Eigentums geht durch einen Künstler- oder Autorennamen nicht verloren.

1.4.2 Pseudonym, Cover und Impressum

Auf dem Cover steht natürlich nur das Pseudonym und nicht der Klarname, sonst wäre die Tarnung ja schnell aufgeflogen. Wenn überhaupt, erscheint der echte Name maximal im Impressum. Aber auch da lässt sich ein wenig tricksen, um die etwas schwammig formulierten Auflagen einzuhalten.

> **TIPP OHNE RECHTLICHE GEWÄHR**
>
> Vielleicht besitzen Sie eine Autorenwebsite? Dann haben Sie dort hoffentlich Ihre Anschrift in Klarnamen hinterlegt. Falls nicht, holen Sie das bitte schnell nach! Wenn dort alles rechtssicher angelegt ist, fügen Sie im E-Book einen Hinweis auf die Website ein.

Aufpassen müssen Sie noch an einer anderen Stelle, nämlich im Backend Ihrer Shops bzw. Distributoren. Für alle Rechtsgeschäfte und Steuerangaben müssen Sie natürlich Ihren Klarnamen verwenden. Ausnahmen sind prinzipiell nur möglich, wenn Sie Ihren Künstlernamen im Personalausweis eingetragen haben und somit Rechtsgeschäfte mit Ihrem Pseudonym tätigen dürfen.

1.5 Typisch E-Book

Was ist anders beim E-Book, und was muss man als Autor beachten? Zunächst ein kurzer Blick in die Geschichte: Was war das für ein Aufschrei in der Buchbranche, als Johannes Gutenberg den Buchdruck erfand. Mit einem Schlag waren die vielen »Abschreiber« in den europäischen Klöstern nicht mehr gefragt. Eine andere, längst vergessene Revolution wurde im vergangenen Jahrhundert vom Rowohlt-Verlag ausgelöst. Plötzlich gab es nicht nur gebundene Ausgaben, sondern Massen von Taschenbüchern auf dem Markt. Goethe und Thomas Mann passten in die Hosentasche und wurden für alle erschwinglich.

Bildungsbürger, Kultusminister und der Buchhandel befürchteten sogleich den Untergang des Abendlands. Doch der blieb aus, und das Nebeneinander von schweren Wälzern und handlichen, preisgünstigen Taschenbüchern wird heute von niemandem mehr in Frage gestellt. Und jetzt findet die E-Book-Revolution statt. Dabei waren die Anfänge eher bescheiden. Die ersten E-Books wurden in Form von PDF-Dateien produziert. Und die erinnerten den Leser eher an andere typische PDF-Dateien wie etwa Gebrauchsanweisungen. Das Buchgefühl kam damit nicht auf.

Mit Amazon kam der Durchbruch des E-Books und des Self-Publishings. Lange war der Marktführer unangefochten, doch mit der wachsenden Popularität des freien ePub-Formats gerät der Riese ins Wanken. Autoren sind bei der Buchveröffentlichung heute wählerisch oder veröffentlichen auf mehreren Plattformen parallel.

1.5.1 Klappentext

Papierbuch und E-Book unterscheiden sich in einigen Dingen, die man als Autor im Hinterkopf haben sollte. Wenn Sie im Laden ein Buch in die Hand nehmen, sehen Sie auf der Vorder- und der Rückseite zumeist hilfreiche Angaben über den Inhalt, zum Beispiel: Ein Jugendbuch für Jungen ab 12 Jahren, die gerne Rad fahren. Oder: Ein Jugendbuch für Mädchen, die sich das erste Mal verlieben. Empfohlen ab 14 Jahren. Weil der hintere Buchdeckel beim E-Book fehlt, ist der Platz für den Klappentext sehr begrenzt.

Drei Möglichkeiten stehen zur Verfügung, dem potenziellen Käufer diese Informationen trotzdem näherzubringen:

- auf dem Cover,
- vor dem eigentlichen Text oder
- in den Metadaten und Beschreibungen der Verkaufsplattformen.

1.5.2 Leseprobe

Schon beim Erstellen des Manuskripts sollte man das Thema Leseprobe im Auge behalten. In ein gedrucktes Buch schaut der Leser ja einfach dort rein, wo es ihm gefällt. Es soll da draußen Menschen geben, die prinzipiell die Seite 100 aufschlagen, wenn sie ein Buch in der Hand halten.

Beim E-Book ist vorgegeben, was eingesehen werden kann. In den meisten Shops lassen sich ab Beginn des Buchs zwischen 5 und 10 % des Texts als Leseprobe freigeben.

Leseprobe freigeben:

- Übertreiben Sie es nicht mit Danksagungen, zusätzlichem Inhaltsverzeichnis und anderen Dingen vor der ersten Textseite. Bei einer Kurzgeschichte blättert der Interessent dann möglicherweise gar nicht mehr zum ersten Kapitel durch.
- Kommen Sie im Text gleich zur Sache. Wenn sich am Anfang keine Spannung aufbaut, wird das Buch nicht gekauft.

1.6 Die ISBN

Im klassischen Buchhandel geht ohne sie nichts: die ISBN (*Internationale Standard-Buch-Nummer*). Zum Erhalt der ISBN gibt es verschiedene Wege. Der amtliche ist nicht ganz billig und führt über die Agentur für Buchmarktstandards. Für einmalige Produktionen ist mit Kosten von rund 80 Euro zu rechnen, aber welcher Autor möchte nur ein einziges Werk veröffentlichen? Schon ab der zweiten Veröffentlichung kommt es günstiger, wenn man einen kleinen Verlag gründet und an die Agentur eine Aufnahmegebühr in Höhe von 139 Euro entrichtet. Anschließend dürfen nämlich ISBN-Zehnerpacks für 20 Euro erworben werden.

1.6.1 Ohne ISBN

Bevor Sie ein Gewerbe anmelden: Für E-Book-Produktionen gibt es andere Möglichkeiten. Sie können ohne ISBN veröffentlichen oder eine kostenlose oder sehr günstige ISBN von einem Distributor erhalten. Bei den folgenden Vertriebswegen können Sie sich die ISBN sparen:

Vertrieb ohne ISBN:

- Vertrieb über Amazon – Der Handelsriese kocht mit der hauseigenen ASIN (*Amazon Standard Identification Number*) sein eigenes Süppchen. Das ASIN-System ist allerdings außerhalb von Amazon bedeutungslos.
- Vertrieb über Apples iBook Store – Die ISBN wird hierfür zwar empfohlen, ist aber nicht verpflichtend. Obligatorisch ist dagegen eine amerikanische Steuernummer.
- Kobo – Auch das Autorenprogramm *Kobo Writing Life* kann ohne ISBN genutzt werden.
- Beam-E-Book – Die beliebte Vertriebsplattform ist populär, weil sie generell auf harten Kopierschutz verzichtet. Bei der ISBN gibt sich Beam offen. Sie kann, muss aber nicht verwendet werden.
- Vertrieb über die eigene Webseite.

1.6.2 Kostenlose ISBNs

Früher mussten deutsche Autoren den Umweg über die internationalen Distributoren Xinxii (nur für Belletristik, nicht für Sachbücher), Smashwords oder Lulu gehen, um an kostenlose ISBNs zu kommen, heute bieten auch heimische Plattformen wie Neobooks, Bookrix oder Tolino Media diesen Service an. Bei Bookmundo erhalten Sie eine ISBN zwar nicht ganz kostenlos, aber mit 12,75 Euro doch sehr günstig.

Eine Sache soll allerdings nicht unerwähnt bleiben: Mit der völlig oder fast kostenlosen ISBN kann auch eine Abhängigkeit von der vergebenden Plattform entstehen. In den AGBs von Tolino Media ist explizit festgelegt, dass die erhaltene ISBN nur für den digitalen Vertrieb über Tolino Media verwendet werden darf. Das ergibt auch Sinn, denn in den ISBN-Code ist immer der Verlagscode eingebettet.

Vor dem Beantragen einer eigenen ISBN oder der Verwendung einer Distributor-ISBN müssen sich Autoren über den Vertriebsweg Gedanken machen. Was funktioniert, ist zum Beispiel eine Mischung aus Tolino Media und Amazon. Zur Erinnerung: Amazon betreibt mit der ASIN ein eigenes Nummernsystem.

1.6.3 ISBN und eISBN

Das Internet ist voll von Gerüchten über eine eISBN. Der Unterschied: Eine eISBN ist eine ISBN, die für E-Books verwendet wird. Fertig. Das kleine e hat ansonsten nichts zu bedeuten, und es wird von der ISBN-Vergabestelle auch gar nicht verwendet. Wichtig ist nur, dass eine ISBN nicht gleichzeitig für die Printausgabe und die elektronische Ausgabe desselben Werks verwendet werden darf.

Es gelten folgende Regeln:

- Jede Buchsorte hat eine eigene ISBN. Ein E-Book, ein Taschenbuch und eine gebundene Ausgabe desselben Romans benötigen jeweils eine eigene ISBN.
- Unterschiedliche E-Book-Formate wie z. B. ePub und PDF haben dieselbe ISBN.
- Unterschiedliche Vertriebsplattformen erfordern ebenfalls dieselbe ISBN. Es ist ja gerade der Sinn der ISBN, dass ein Buch von allen Händlern eindeutig identifiziert werden kann.

1.6.4 Neue Auflage – neue ISBN?

Für eine unveränderte Neuauflage braucht man keine neue ISBN und auch nicht für die Korrektur von Rechtschreibfehlern oder Änderungen beim Cover.

Das ISBN-Handbuch legt fest, dass nur wesentliche Änderungen eine neue ISBN erfordern. Dazu gehört zum Beispiel ein neues Inhaltsverzeichnis oder das Hinzufügen eines neuen Kapitels. Eine vergebene ISBN wird natürlich nicht gelöscht, es existieren dann eben Auflagen mit unterschiedlichen ISBNs.

1.7 E-Book-Reader-Hardware

Babylonische Sprachverwirrung herrscht in der Welt der Technik ja überall, da sind E-Books kein Ausnahme. Wer von einem E-Book-Reader spricht, kann zwei völlig unterschiedliche Dinge im Sinn haben.

- Ein flaches, kleines Gerät, das man in die Badewanne oder zum Strand mitnehmen kann, um darauf E-Books zu lesen.
- Eine App, mit der sich E-Books zum Beispiel auf einem Computer oder einem Smartphone lesen lassen.

In diesem Kapitel geht es um die Geräte zum Anfassen, die speziell für E-Books produzierten Reader. Gemeinsame Merkmale sind:

- Eine lange Akkulaufzeit.
- Ein augenfreundliches Display.
- Ein Touchbildschirm.

Als Schreiber sollte man die vier wichtigsten Reader-Familien kennen und deren Benutzerschaft im Hinterkopf behalten.

1.7.1 Kindle

Die E-Reader von Amazon. Die wichtigsten Kindle-Formate sind Mobi (ohne Kopierschutz) und AZW (mit Kopierschutz). Mit dem Kindle wurde das E-Book erst populär.

1.7.2 Tolino

Um die Marktmacht von Amazon zu brechen, haben die großen deutschen Buchhändler, darunter Hugendubel und Thalia, die Tolino-Allianz ins Leben gerufen. 2013 erschien mit dem Tolino Shine der erste hauseigene E-Book-Reader. Im Unterschied zu Amazon setzt die Tolino-Allianz nicht auf ein eigenes Format, sondern auf den offenen Standard ePub.

1 E-Books schreiben

1.7.3 Pocketbook

Pocketbook heißt der Liebling der kleineren Buchläden und der unabhängigen Leserschaft. Bevorzugtes Format: ePub. Weil auch beim jüngsten Modell, Touch Lux 3, der Einschub für die MicroSD-Karte noch nicht abgeschafft wurde, können die Bücher relativ unabhängig von Clouddiensten gelesen werden. Die Bücherkette Osiander vertreibt einen eigenen E-Reader auf Pocketbook-Basis.

1.7.4 Kobo

Richtig edel in der Hand liegen die E-Book-Reader des Herstellers Kobo. Kobo liest zwar das freie ePub-Format, kocht aber mit dem darauf aufbauenden KEPUB (Kobo-ePub) auch ein eigenes Süppchen.

Noch eine Anmerkung zur Sache mit der Badewanne: Glaubt man den Herstellern, werden E-Books hauptsächlich in feuchtem Terrain gelesen. Zahlreiche neuere Modelle verzichten nämlich ganz bewusst auf einen Steckplatz für eine MicroSD-Karte – angeblich, damit das Gerät auch an den Strand und in die Badewanne mitgenommen werden kann. Möglicherweise steckt dahinter etwas völlig anderes: Hersteller und E-Book-Shops möchten den Leser ein bisschen dahingehend erziehen, dass er möglichst viele seiner Bücher in der Cloud lagert.

Dieses Vorgehen erleichtert nämlich den Kampf gegen die Piraterie. Im Gegensatz zur Datenwolke entzieht sich eine MicroSD-Karte leicht der Kontrolle. Was jedoch für die Cloud spricht, ist die Vergänglichkeit aller Hardware. Sollte ein Gerät kaputt oder verloren gehen, müssen nicht zwangsläufig alle gespeicherten Bücher über den Jordan gegangen sein. In der Cloud lagern die Dateien geräteunabhängig.

1.7.5 iPad

Apple hat bisher noch keinen eigenen E-Reader produziert, und dies ist wohl auch nicht in Planung. Als Lesegerät für unterwegs dient das iPad, das mit dem iOS-Betriebssystem ausgestattet ist. Je nach Format werden unterschiedliche Apps benötigt, um E-Books darauf anzuzeigen. Mehr Informationen dazu erhalten Sie im folgenden Kapitel.

> **IBOOKS AUTHOR IM AUGE BEHALTEN**
>
> Mit *iBooks Author* hat Apple eine spezielle Software entwickelt, die ganz auf die Integration von Multimedia-Inhalten ausgelegt ist. Gelesen werden können diese aufgepäppelten E-Books bisher allerdings nur auf iOS-Geräten. Leider, denn eigentlich ist für Audio- und Videofeatures ja das freie Format ePub3 zuständig. In den älteren Versionen von iBooks Author hatte Apple diesem allgemeinen Standard die kalte Schulter gezeigt, was die ePub-Szene nicht gerade begeisterte. Doch es gibt einen Silberstreif am Horizont!
>
> Seit der Version 2.3 hat sich der Wind gedreht. iBooks Author exportiert nun auch zu ePub3! Es bleibt die Hoffnung, dass sich Apple weiter auf das offene Format zubewegt. Dafür spricht, dass das populäre iPad ja alles mitbringt, was zum Abspielen von Audio- und Videoinhalten notwendig ist – und dass Apple im E-Book-Markt nicht stark genug ist, um ein eigenes geschlossenes System in der Größenordnung von Amazon zu etablieren.

1.8 E-Book-Reader-Software

Auf den E-Readern ist die Lesesoftware schon integriert, bei allen anderen Geräten muss ein bisschen nachgeholfen werden. Je nach Format und Gerätetyp wie Computer, Tablet oder Smartphone ist die Installation von zusätzlichen Programmen notwendig.

Die wichtigsten Reader im Überblick:

1.8.1 Kindle-Lese-Apps

Wie funktioniert es, wenn man ein bei Amazon gekauftes Buch nicht auf einem Kindle-Reader lesen möchte? Dafür gibt es spezielle Lese-Apps, und zwar für PC und Mac ebenso wie für iOS- und Android-Geräte.

1.8.2 Google Play Books

Auf Android-Geräten weit verbreitet ist der E-Book-Reader *Google Play Books*. Erhältlich ist er im Google App Store. Lesbar sind damit E-Books aus der Google-Cloud, die aber nicht zwingend in Googles eigenem Store erworben sein müssen. Es ist dem Leser möglich, Bücher aus anderen Quellen hinzuzufügen. Aus der Cloud werden die E-Books mit einem Android-Tablet oder Android-Smartphone angezapft. Probleme gibt es allerdings mit kopiergeschützten Büchern. Google Play Books liest nur epub ohne Adobe-DRM, Mobi und PDF.

1.8.3 Der Bluefire Reader

Auch wenn er bisher noch nicht in deutscher Sprache erhältlich ist, erfreut sich der *Bluefire Reader* einer wachsenden Userschaft. Wahrscheinlich liegt es an der Flexibilität des kostenlosen Programms. Der Reader ist nämlich für ePubs geeignet, die mit Adobe-DRM geschützt sind. Damit können zum Beispiel auch Bücher aus der Onleihe gelesen werden – dem E-Book-Service der Büchereien.

Dank unterschiedlicher Versionen ist der Bluefire Reader auf diversen Plattformen heimisch:

- Tablets und Smartphones mit Android (Version erhältlich im Google Play Store).

- Tablets und Smartphones mit iOS-Betriebssystem (Version erhältlich im iTunes Store).

- Windows-PCs (Version erhältlich auf der Herstellerseite *bluefirereader.com*).

Tipp für innovative Autoren: Es wurde zwar noch kein konkretes Datum genannt, aber eine Text-to-Speech-Funktion für den Bluefire Reader ist zumindest in Planung.

1.8.4 Adobe Digital Editions

Wer sich mit E-Books beschäftigt, kommt an *Adobe Digital Editions* (*ADE*) nicht vorbei. Der Grund dafür ist schnell gefunden: Adobe stellt damit eine Software zur Verfügung, die auf den hauseigenen Kopierschutz abgestimmt ist, Hard-DRM für ePub. ADE ist zwar in der Kritik, weil er ziemlich umständlich ist, aber der Leser hat mit ADE zumindest einen Reader, der auf die Autorisierungsprozedur abgestimmt ist.

Bei den unterstützten Betriebssystemen verfährt Adobe uneinheitlich. ADE läuft sicher auf Windows, dem Mac und auf Geräten mit einer neueren iOS-Version. Für alle anderen Geräte gibt es eine Kompatibilitätsliste auf *blogs.adobe. com/digitalpublishing/supported-devices.*

Für Schreiber und Self-Publisher ist ADE auch deshalb interessant, weil die meisten CSS-Stile damit gut dargestellt werden. Es lohnt sich, ePubs mit ADE auf ihre Tauglichkeit zu testen.

1.8.5 Firefox EPUBReader

Im Kern besteht ein E-Book aus HTML und CSS, ist also technisch gesehen nichts anderes als eine Website. Deswegen ist es naheliegend, einen Webbrowser als Lesegerät zu verwenden. Das haben sich die Entwickler des Firefox-Add-ons *EPUBReader* zunutze gemacht. Sehr einfach ist es damit, ein E-Book aus dem Internet zu betrachten. Schon beim Klick auf den ePub-Link einer Webseite wird das Buch im Browser angezeigt.

Aber natürlich lassen sich auch ePubs von der Festplatte lesen – ganz einfach über *Datei/Datei öffnen* im Firefox-Menü.

Installiert wird das Add-on entweder im Firefox-Menü über *Add-Ons verwalten* oder direkt über die Mozilla-Webseite. Kleiner Wermutstropfen: DRM-geschützte Bücher bleiben außen vor.

> **DIE LESEGERÄTE DER ZUKUNFT**
>
> Bei so vielen Möglichkeiten sei ein Blick in die Glaskugel gewagt. Das E-Book an sich hat seinen Platz und wird seinen Anteil am Büchermarkt weiter ausbauen. Die Anbieter von E-Readern haben allerdings einen mächtigen Konkurrenten, nämlich die Smartphones. Nun wird sich dort zwar nicht unbedingt das Romanepos durchsetzen – aber für Kurzgeschichten, Ratgeberliteratur oder Vergnügliches ist auch der relativ kleine Bildschirm kein Hindernis. Für Autoren heißt das, je nach Genre, den Markt neuer Lese-Apps für mobile Geräte im Auge zu behalten – und ihre E-Books damit zu testen.

1.9 Ordentliches Manuskript

Vorweg sei gesagt: Sie sind total genervt von allen Textverwurstungsprogrammen, wollen ohne Kokolores Ihr Buch schreiben und von dem ganzen Formatierungskäse in Ihrer kreativen Phase überhaupt nichts wissen? Gut, dann überspringen Sie dieses Kapitel und lesen im nächsten Abschnitt weiter. Es trägt den Titel »Schlampiges Manuskript«. Für alle anderen folgt erst einmal eine Vorstellung der besten Programme und Tipps zur richtigen Formatierung.

1.9.1 OpenOffice oder LibreOffice

Sehr gute Werkzeuge zur Manuskripterstellung sind OpenOffice und LibreOffice. Beide Programme sind Open Source, kostenlos und für Windows, Mac OS X und Linux erhältlich.

LibreOffice und OpenOffice lassen sich auf allen gängigen Betriebssystemen installieren.

Die Entscheidung zwischen den beiden ist Geschmackssache, denn die Unterschiede sind nicht sehr groß. OpenOffice ist weiter verbreitet. Falls Sie viel mit dem Mac arbeiten, könnte LibreOffice ein wenig attraktiver sein, denn die Versionen ab 5.0 öffnen auch Dateien im Pages-Format.

Herunterladen lassen sich die deutschen Versionen der Programme auf diesen Seiten:

- **OpenOffice**: *www.openoffice.org/de/downloads*
- **LibreOffice**: *https://de.libreoffice.org/download/libreoffice-still*

Bestimmt fragen Sie sich, was OpenOffice und LibreOffice den bewährten Programmen Word und Pages eigentlich voraushaben.

Antwort: Beide können durch die Erweiterung (Extension) *Writer2ePub* zu einem sehr einfach zu bedienenden ePub-Editor aufgemöbelt werden.

Mit Writer2ePub sparen Sie sich so viel spätere Arbeit, dass sich die Installation mit Sicherheit lohnt. Was Sie benötigen, ist aber nicht die ganze Suite, sondern nur das Schreibprogramm. Dieses nennt sich OpenOffice Writer bzw. LibreOffice Writer.

1.9.2 Mit Formatvorlagen arbeiten

Wahrscheinlich arbeiten Sie schon seit Jahren bis Jahrzehnten mit Formatvorlagen und wissen es gar nicht. Als normaler Anwender ist alles in Ordnung, wenn das Wörtchen *Standard* im Fensterchen zu sehen ist.

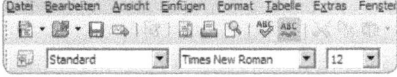

Anzeige der Formatvorlage *Standard* mit den Schriftattributen.

FORMATVORLAGEN SIND KEINE DOKUMENTVORLAGEN

Nicht zu verwechseln sind die Formatvorlagen mit den Dokumentverlagen. Diese benötigen zum Beispiel Firmen, die verschiedene Briefe unter einem einheitlichen Briefkopf verschicken wollen.

1.9.3 Text und Überschriften

Ein E-Book-Kapitel besteht in seiner simpelsten Form aus der Überschrift und dem Text. Der Text muss nicht extra formatiert werden, die Überschrift schon.

Und so funktioniert es:

❶ Überschrift markieren.

❷ Das Häkchen rechts neben *Standard* anklicken. Es öffnen sich diverse Optionen wie *Überschrift 1, Überschrift 2* usw. Klicken Sie *Überschrift 1* an, um den markierten Text zu einer Hauptüberschrift zu erheben, einer Überschrift erster Ordnung.

1.9.4 Steuerzeichen anzeigen lassen

Beim Markieren kommt es zwangsläufig vor, dass Textteile aus Versehen »mit eingepackt« werden. Um die Formatierungen zu überprüfen, können Sie die Steuerzeichen anzeigen lassen. Alles, was einen Text strukturiert, geht im Textverarbeitungsprogramm ja nicht verloren. Wer wissen möchte, wo er überall einen Befehl hinterlassen hat, erhält in fast allen Programmen Auskunft mithilfe dieses Symbols:

 Mit dieser Schaltfläche lassen sich die Steuerzeichen einblenden.

Nach dem Klicken sehen Sie nicht mehr nur den Text selbst, sondern an diversen Stellen seltsames Zeug – die Steuerzeichen. Ausgedruckt werden sie nicht, und natürlich bekommt sie auch kein Leser zu Gesicht.

In diesem Text
werden die Steuerzeichen
nicht angezeigt

Dieser Text hat zwar Absatzsteuerzeichen, aber sie werden nicht angezeigt.

¶
In·diesem·Text¶
werden·die·Steuerzeichen·
angezeigt¶

Text mit eingeblendeten Steuerzeichen.

Drei Arten von Steuerzeichen sind hier zu sehen:

- Das **Absatzzeichen**. Es erscheint, nachdem Sie die ⏎-Taste gedrückt haben, um einen neuen Absatz zu beginnen.

- Der kleine **Punkt** zwischen zwei Wörtern steht für die Leerstelle.

- Der kleine **Pfeil** erscheint, wenn Sie mit der ⏎-Taste bei gedrückter ⇧-Taste einen Zeilenumbruch erzwungen haben.

> **ACHTUNG!**
>
> Für eine E-Book-Formatierung ist dieses Vorgehen nicht geeignet! Beginnen Sie eine neue Zeile immer als Absatz, also nur mit der ⏎-Taste!

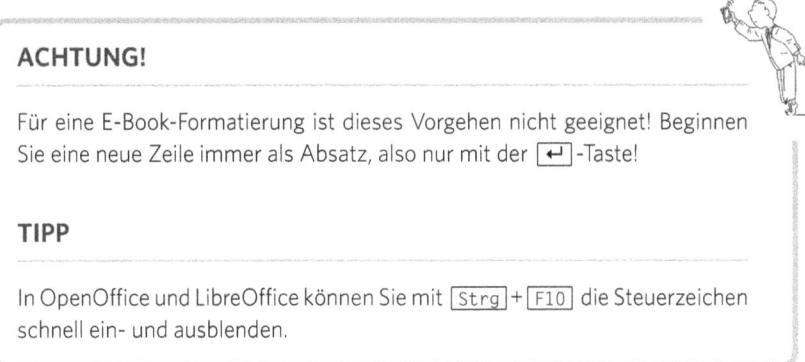

> **TIPP**
>
> In OpenOffice und LibreOffice können Sie mit Strg + F10 die Steuerzeichen schnell ein- und ausblenden.

1.9.5 Inhaltsverzeichnis

Nehmen Sie ein weißes Blatt und einen Kugelschreiber und schreiben Sie damit Ihr Inhaltsverzeichnis, auch wenn es paradox klingt, im Computerzeitalter ein Inhaltsverzeichnis mit der Hand zu schreiben. In der Phase der Manuskripterstellung ist diese Methode die einfachste und schnellste.

Ein im Textverarbeitungsprogramm automatisch erstelltes Inhaltsverzeichnis kann den Workflow erheblich durcheinanderbringen. Werkzeuge wie Writer2ePub, Jutoh und Sigil platzieren das Inhaltsverzeichnisses nämlich auf spezielle Weise: nicht im Text selbst, sondern auf einer externen Seite, die im E-Book-Reader über das Menü von jeder Stelle aus erreichbar ist.

1.9.6 E-Book-Tabus

Inhaltlich dürfen Sie in einem Land der Meinungsfreiheit alles schreiben, was nicht strafrechtlich relevant ist. Rein technisch gesehen, sollten Sie sich in der Phase der Manuskripterstellung aber sehr zurückhalten. Finger weg von diesen Optionen: Tabulatoren, Tabellen, Aufzählungen, Einzügen, Schriftgrößen, Schriftarten, Zeilenabständen, Umflüssen, Textfeldern, der Farbwahl und Trennungsstrichen! Verboten ist außerdem, die Leertaste zweimal hintereinander zu drücken oder zu etwas anderem zu verwenden als für den Abstand zwischen zwei Wörtern.

1 E-Books schreiben

Begründung: Für den E-Book-Bau ist es wichtig, sich vom »Papierdenken« zu lösen. E-Book-Text ist Fließtext. Vieles, was im Manuskript irgendwo hingeschoben wird, taucht später an falscher Stelle wieder auf. Zudem bestimmt im Gegensatz zum gedruckten Buch der Leser selbst über zahlreiche Aspekte der Darstellung. Das bedeutet allerdings nicht, dass Sie generell auf Aufzählungen und Tabellen verzichten müssen. Mit Kenntnissen in HTML lassen sich diese Anforderungen realisieren – aus Sicherheitsgründen aber noch nicht in der Phase der Manuskripterstellung.

1.9.7 Unterstreichungen sind verboten

Es gilt für Websites wie für E-Books: Bei Unterstreichungen erwartet der Leser einen Link. Wenn Sie im Text etwas hervorheben möchten, stehen Ihnen drei andere Möglichkeiten zur Verfügung:

- **Fettschrift**
- *Kursivschrift*
- VERSALIEN

1.9.8 Text und Bilder

Im Textverarbeitungsprogramm mag es gut aussehen, wenn Bilder von Text umflossen werden, aber empfehlenswert ist dieses Vorgehen bei der Erstellung eines E-Books nicht. Es hängt zu sehr von Format und Endgerät ab, ob der Umfluss auch funktioniert.

Insbesondere Amazons Kindle-Modelle stellen umflossene Bilder oft fehlerhaft dar. Einigermaßen »wasserdicht« ist die Methode, Bilder zu zentrieren und in einen eigenen Absatz zu packen. Diese Einbindung erledigen Sie am besten nach der Texterstellung. Geeignet dafür sind die Programme Jutoh und Sigil.

1.9.9 Aufzählungen und Tabellen

Für Aufzählungen und Tabellen gibt es grundsätzlich zwei Möglichkeiten:

- **Umwandlung in Bilder:** Diese Möglichkeit sollten Sie wählen, wenn Sie mit HTML auf Kriegsfuß stehen.
- **Verwendung echter Aufzählungen und Tabellen:** Voraussetzung dafür sind Grundkenntnisse in HTML. Allerdings sollten Sie Aufzählungen und Tabellen noch nicht im Manuskript, sondern erst im Editor einfügen. Sehr gut eignet sich dafür Sigil.

1.10 Schlampiges Manuskript

Psychotest: Bitte schauen Sie sich einmal auf Ihrem Schreibtisch um und auch aus dem Fenster! Und gehen Sie in sich. Beantworten Sie dann folgende Fragen:

1. Quillt der Schreibtisch über?
2. Ist es schon lange dunkel da draußen, hallo?
3. Werden Sie von Geistesblitzen getrieben, die Sie unbedingt und sofort eintippen müssen? Ohne Rücksicht auf irgendwelche Formatierungen?
4. Schieben Sie gern Dinge auf?

Wenn Sie mehrere Fragen mit »Ja« beantwortet haben, gehören Sie in die Gruppe der kreativen Chaoten. Bitte denken Sie daran: Halbheiten werden im Leben allgemein und speziell bei der E-Book-Formatierung hart bestraft. Schlampen Sie daher richtig und schreiben Sie das Manuskript nach Lust und Laune!

Anschließend befolgen Sie dieses Sechspunkteprogramm, um Ihr Werk zu retten.

1. Abspeichern des fertigen Manuskripts in dem Format, das Sie immer nehmen.
2. Das Manuskript auf einen USB-Stick ziehen. Kaufen Sie sich einen neuen nur für das E-Book.
3. Ausdrucken mit niedrigster Druckqualität. Das spart Tinte. Außerdem können Sie die Schriftgröße verkleinern, um die Druckorgie nicht zu übertreiben.
4. Markieren Sie auf dem Papier alle Überschriften, alle Fett- und Kursivstellen und alle anderen Besonderheiten.
5. Speichern Sie das gesamte Manuskript als reine Textdatei, also mit der Endung *.txt*.
6. Den reinen Text importieren Sie in einen Editor wie Jutoh oder Sigil. Dort nehmen Sie alle Formatierungen anhand des Ausdrucks noch einmal vor.

Das Prozedere ist zwar nicht besonders elegant, aber garantiert zeit- und nervenschonender als die nachträgliche Fehlersuche in einem halbherzig formatierten Manuskript.

1.11 Sichern und exportieren

Am Ende der kreativen Phase sollten Sie das Manuskript auf jeden Fall ganz normal in Ihrem Textverarbeitungsprogramm speichern und am besten auch noch einmal auf einem USB-Stick sichern. Empfehlenswert ist die Sicherung in zwei Formaten – in dem »Hausformat« Ihres Programms und in einem geeigneten Exportformat für die Weiterverarbeitung.

TIPP

Am einfachsten funktioniert der Workflow bei der Texterstellung in OpenOffice oder LibreOffice und der Konvertierung mit der Erweiterung Writer2ePub. In diesem Fall speichern Sie einfach im ODT-Format ab. Ein spezielles Exportformat wird nicht benötigt, denn Writer2ePub erzeugt aus ODT die perfekte ePub-Datei.

Mord in Pompeji

Inspektor Vesuvios erster Fall
Ein Krimi von Anna Vendetta

2 E-BOOKS FORMATIEREN

Die Vielzahl der E-Book-Formate ist für Einsteiger verwirrend. Doch zum Glück muss der Autor sie nicht notwendigerweise alle kennen. Es genügt, die beiden wichtigsten im Blick zu haben. Wer es eilig hat, darf jetzt ein paar Absätze überspringen und am Ende der kleinen Formatkunde weiterlesen. Für alle anderen folgt ein wenig Theorie.

2.1 Kleine Formatkunde

Berechtigte Frage: Warum gibt es überhaupt so viele Formate? Der Hauptgrund liegt im Bestreben der Hersteller, vor allem eines ganz bestimmten Herstellers, ein geschlossenes System aus Shop und Lesegerät durchzusetzen. Richtig, von Amazon ist die Rede. Die Kindle-Reader werden für die Amazon-Formate Mobi und AZW produziert. Auf eine firmeneigene Lösung setzt aber auch Apple. Alle anderen – zu den bekanntesten Herstellern zählen Tolino und Pocketbook – arbeiten dagegen mit ePub.

Dieses freie und offene Format gehört nicht zu einer bestimmten Firma. Jeder darf ePub beliebig einsetzen, so wie man es auch von der Internetsprache HTML kennt. Für die Einhaltung der jeweiligen Standards sorgen neutrale, internationale Organisationen. HTML wird vom W3C-Konsortium definiert. Das IDPF (International Digital Publishing Forum), eine Schwesterorganisation des W3C, wacht über das ePub-Format.

2.1.1 Formate und Kopierschutz

Mit dem jeweiligen Format ist auch ein spezieller Kopierschutz verbunden. Bei den Amazon-Formaten ist dies leicht zu erkennen.

- **Mobi** – Amazon-Format ohne Kopierschutz.
- **AZW** – Amazon-Format mit Kopierschutz.

Im Bereich der ePubs ist es dagegen nicht sofort ersichtlich, ob ein Buch geschützt ist oder nicht. In kundenfreundlichen Shops ist deshalb ein Zusatz angegeben, etwa in dieser Art:

- ePub – ohne DRM
- ePub – Soft-DRM (Buch ist durch Wasserzeichen markiert)
- ePub – Adobe-DRM (oder Hard-DRM, das meint das Gleiche)

2.1.2 Das PDF-Format

Das von der Firma Adobe entwickelte PDF-Format war für E-Books außerhalb von Amazon lange dominierend. Doch weil es ursprünglich für den Druckbereich vorgesehen war, sind Textgröße, Absätze, Zeilenlänge und andere Dinge damit unveränderbar. Das Layout ist starr und passt sich nicht an verschiedene Bildschirmgrößen an. Nun ist der Platz auf Computer, Tablet, E-Reader und Smartphone aber sehr unterschiedlich. Dieses Problem lässt sich nur mit einem Fließtext lösen.

Langfristig wird das PDF-Format im Bereich der E-Books verschwinden. Für Autoren ist es nur noch in Nischen wie Comics interessant – und auch das nicht mehr lange. Mit dem neuen ePub3-Standard lassen sich nämlich auch fixe Layouts produzieren.

2.1.3 Formate für Autoren

Die Einrichtung eines Kopierschutzes ist nicht Sache der Autoren, sondern eines Verlags oder der Vertriebsplattform. Für Self-Publisher steht es deshalb außer Frage, selbst Bücher in AZW oder in dem geschützten ePub zu erstellen. In der Regel genügt es, wenn Sie Ihr E-Book in diesen beiden Formaten in die Onlineshops hochladen:

- ePub für die freien Reader
- Mobi für die Amazon-Reader

Um Ihr Manuskript in diese Formate zu konvertieren, stehen Ihnen verschiedene Tools zur Verfügung: Sie werden in diesem Buch in den Kapiteln 3 bis 5 im Praxiseinsatz beschrieben:

- Writer2epub: ePub
- Calibre: ePub und Mobi
- Jutoh: ePub und Mobi
- Sigil: ePub

> **DAS APPLE-FORMAT**
>
> Apples eigener Standard baut auf ePub auf. Erkennbar sind die mit dem Programm iBooks Author produzierten Bücher an der Endung *.iBooks*. Leider sind iBooks nicht mehr mit dem ursprünglichen Format kompatibel. Selbst die Allzweckwaffe Calibre scheitert am Öffnen.
>
> **Sie möchten den iBook Store auch, aber nicht ausschließlich beliefern?**
>
> Dann nehmen Sie am besten einen Distributor in Anspruch. Hinweise zur Verkaufsstrategie finden Sie am Ende des Buchs.

2.2 ePub unter der Lupe

Jedermann darf das ePub-Format verwenden, ohne sich um Lizenzen kümmern zu müssen – und es außerdem unter die Lupe nehmen! Technisch gesehen, funktioniert ePub wie eine Schuhschachtel. Die genormten Schachteln werden in jedem Laden (außer Amazon) angenommen und verkauft. Drinnen sind alle Bestandteile des E-Books zu finden:

- Text,
- Bilder,
- Metadaten,
- und das Inhaltsverzeichnis.

2.2.1 ePub öffnen

Ein ePub zu öffnen ist mit einem Trick ganz leicht. Sie brauchen dazu nicht einmal einen speziellen Editor. Probieren Sie es einfach einmal mit einem E-Book aus, das auf Ihrer Festplatte liegt.

Vorsicht: Nehmen Sie am besten ein kostenloses, denn für die Rekonstruktion gibt es keine Erfolgsgarantie!

Los geht's: Wenn Sie die Endung *.epub* durch *.zip* ersetzen, können Sie die Schuhschachtel mit Ihrem Dateimanager entpacken und vor Glück schreien. In Windows funktioniert das mit einem Rechtsklick im Explorer. Im aufklappenden Kontextmenü finden Sie dann den Eintrag *Entpacken*.

2.2.2 ePub ausgepackt

Simsalabim, und schon ist das ePub ausgepackt! Keine Sorge, Sie müssen nicht in jeden Ordner hineinsehen oder in allen Dateien herumwerkeln. Das erledigen die E-Book-Editoren. Trotzdem ist es hilfreich, die Verzeichnisstruktur im Hinterkopf zu behalten.

- mimetype - Die Datei zeigt an, dass ein eBook im ePub-Format vorliegt
- META-INF - Verzeichnis enthält die Containerdatei
    - container.xml - Datei zeigt an, wo sich das Buch innerhalb der Schuhschachtel befindet
- OEBPS - Dieses Verzeichnis enthält alles, was im Dateimanager von Jutoh und Sigil zu sehen ist, und vom Autor direkt bearbeitet werden kann.
    - 0001.xhtml - Das erste Kapitel
    - 0002.xhtml - Das zweite Kapitel, usw.
    - Bilderordner - Hier sind die Bilder
        - Bild 1
        - Bild 2, usw..
    - CSS-Ordner - Enthält das Stylesheet
        - .css-Datei
    - Content.opf - Die Datei enthält u.a. die Metadaten
    - toc.ncx - Das Inhaltsverzeichnis

Blick in die geöffnete ePub-Schuhschachtel.

Auf den ersten Blick ist das ganz schön verwirrend. Aber denken Sie daran, Sie als E-Book-Bauer lernen hier das im Schnelldurchlauf, wofür Buchbinder und Schriftsetzer eine ganze Lehrzeit absolvierten! Es folgen nun ein paar Anmerkungen zu den einzelnen Dateien.

2.2.3 XHTML-Dateien

Wo steckt das Wichtigste, also der Text? In den XHTML-Dateien! Üblicherweise erhält jedes einzelne Kapitel eine eigene Datei. Ein Roman mit zehn Kapiteln besteht also aus genau zehn Dateien mit der Endung *.xhtml*, ergänzt durch eine weitere XHTML-Datei für das Impressum.

2.2.4 CSS-Ordner

Im *Styles*-Ordner befindet sich die CSS-Datei. Je nach verwendetem ePub-Editor trägt sie einen anderen Namen, zum Beispiel *style001.css* oder *template.css*.

2.2.5 OPF-Datei

Die OPF-Datei ist der Paketzettel des ePub-Schuhkartons. Ohne sie verschwindet der Karton im Lager. Direkt bearbeiten müssen Sie sie aber nicht, das erledigt der Editor Ihrer Wahl für Sie. Interessant ist es trotzdem, sich die Datei einmal anzusehen!

Falls Sie Sigil benutzen, können Sie links im Buchbrowser die Datei mit der Endung *.opf* aufrufen. Sie finden dann in der Mittelspalte in der Codeansicht eine Reihe von Informationen:

- Die Metadaten.
- Hinweis auf die Programme, mit denen das E-Book erstellt wurde.
- Verweise auf die CSS-Datei und das Cover.
- Auflistung der einzelnen Kapitel.

2.2.6 TOC-Datei

In jedem ePub befindet sich eine Datei mit dem seltsamen Namen *toc.ncx*. Das liest sich zwar wie ein fieser Computervirus, aber keine Panik! Das Kürzel *TOC* steht ganz einfach für *Table Of Contents*, dem englischen Begriff für Inhaltsverzeichnis. Eine TOC-Datei ist Pflichtbestandteil eines jeden ePubs. Sie kann vom Leser jederzeit über ein Menü aufgerufen werden. Das ist sehr bequem, denn zur Auswahl eines bestimmten Kapitels muss nicht zum Buchanfang vorgeblättert werden.

EPUB2 ODER EPUB3?

Alles in diesem Buch bezieht sich auf das Format ePub2, genauer gesagt auf ePub 2.01. Dieser Standard hat sich seit 2010 nicht mehr geändert und wird sich aller Wahrscheinlichkeit nach nicht wesentlich ändern. Mit ePub2 sind Sie also auf der sicheren Seite, was die Lesbarkeit angeht.

Das Format der Zukunft heißt ePub3, es integriert auch Audio- und Videofunktionen. Diese E-Books werden manchmal als »Enhanced E-Books« bezeichnet. Weil die aktuellen E-Book-Reader noch nicht kompatibel sind, empfiehlt sich ePub3 zurzeit nur für spezielle Produktionen.

2.3 Überschriften und Inhaltsverzeichnis

Ein Inhaltsverzeichnis fasst die Überschriften zusammen. Das gilt für ein gedrucktes Buch genauso wie für ein E-Book. Und in beiden Formen können optional Überschriften unterschiedlicher Ordnungen verwendet werden. Es kommt ganz auf das Genre an. Für einen Krimi oder einen Roman genügt eine einzige Ebene. Ein Sachbuch dagegen gewinnt mit Unterkapiteln und Überschriften zweiter Ordnung an Wert. Übertreiben sollte man die Angelegenheit aber nicht. Mit jeder zusätzlichen Ebene steigt das Risiko einer fehlerhaften Darstellung auf E-Readern und Lese-Apps.

2.3.1 Funktion der Überschriften in E-Books

Das Anlegen von Überschriften kann entweder schon im Manuskript erfolgen oder später im E-Book-Editor. Dabei gilt es, stets die technische Seite zu beachten.

E-Book-Überschriften erfüllen mehrere Funktionen:

- Sie zeigen dem Leser, dass ein neues Kapitel beginnt.
- Sie werden im Inhaltsverzeichnis des E-Books abgebildet.
- Einige Editoren bieten die Möglichkeit der automatischen Trennung des Texts von den Überschriften.

> **IM IDEALFALL IST EIN E-BOOK SO FORMATIERT:**
>
> Jedes Kapitel hat seine eigene XHTML-Datei, die mit der Überschrift beginnt.

2.4 Aufzählungen und Tabellen

Vorwarnung: Tolino Media und andere Distributoren raten generell dazu, Tabellen ausschließlich als Bild darzustellen. Allerdings ist das nur eine Vorsichtsmaßnahme, um zu verhindern, dass zu viele Autoren mit komplexen Konstruktionen daherkommen und der Support zusammenbricht. Dabei funktionieren Aufzählungen und Tabellen in ePub und sogar in Mobi ganz gut, wenn man sich an die Regeln hält.

Regeln für Aufzählungen und Tabellen:

- Keep ist simple and small! Weder Verschachtelungen noch Monstertabellen oder überlange Wörter bitte!
- E-Book-Ablieferung in ePub oder Mobi. Wenn Sie in Formaten wie DOC oder DOCX hochladen, sind Sie dem Konvertierungsprogramm des Distributors hilflos ausgeliefert.
- Validieren und Qualitätskontrolle sind Pflicht. Überprüfen Sie die korrekte Darstellung vor dem Upload mit unterschiedlichen Methoden und Geräten!
- Machen Sie es in Sigil. Am besten bauen Sie Aufzählungen und Tabellen nicht im Textverarbeitungsprogramm, sondern im ePub-Editor. In Sigil können Sie bequem zwischen Quellcode und Buchansicht wechseln.
- Erfinden Sie das Rad nicht neu!

Nehmen Sie einfach die folgenden HTML-Codeschnipsel, in `<div>`-Containern verpackt, als Vorlage. Es geht aber auch ohne die `<div>`-Verpackung.

2.4.1 Eine einfache Liste

```
001  <div>
002      <ul>
003          <li>Rhein</li>
004          <li>Main</li>
005          <li>Donau</li>
006      </ul>
007  </div>
```

Und so sollte das Ergebnis aussehen:

- Rhein
- Main
- Donau

2.4.2 Eine nummerierte Liste

```
001  <div>
002      <ol>
003          <li>Rhein</li>
004          <li>Main</li>
005          <li>Donau</li>
006      </ol>
007  </div>
```

Die nummerierte Liste in der Buchansicht:

1. Rhein
2. Main
3. Donau

2.4.3 Eine Tabelle

```
001  <div>
002      <table border="1">
003          <tr>
004              <th>Spalte 1</th>
005              <th>Spalte 2</th>
006              <th>Spalte 2</th>
007          </tr>
008          <tr>
009              <td>Rhein</td>
010              <td>Main</td>
011              <td>Donau</td>
012          </tr>
013      </table>
014  </div>
```

Ergebnis:

SPALTE 1	SPALTE 2	SPALTE 3
Rhein	Main	Donau

2.5 Cover und Bilder

Mit Bildern im E-Book kann eine Menge schiefgehen, besonders bei der Darstellung auf Amazon-Geräten. Mit den folgenden Richtwerten minimiert sich zwar das Risiko unerwünschter Bildüberraschungen, ganz sicher ist man allerdings nie. Die Kindle Publishing Guidelines können sich schnell ändern.

2.5.1 Cover

Zu unterscheiden sind das Cover und die Bilder innerhalb des Buchs. Das wichtigste Bild ist natürlich das Coverbild – schon aus Marketinggründen.

Empfehlungen:

- Breite 1.600 Pixel
- Höhe 2.560 Pixel
- empfohlenes Format: *.jpg*
- empfohlene Auflösung: 300 dpi

Wichtig zur Benennung: Auf Ihrem Cover sorgt ein wunderschöner, Feuer speiender Drache vor einem Schloss für die richtige Fantasyatmosphäre? Für den Verkauf ist das gut, aber nennen Sie die Bilddatei bitte trotzdem ganz einfach *cover.jpg*. Auf diese Weise funktioniert die Verknüpfung des Coverbilds auf den Verkaufsplattformen, E-Readern und Lese-Apps am besten.

> **PREMADE-COVER**
>
> Gut fürs Budget: Premade-Cover sind eine vernünftige, halbwegs bezahlbare und vor allem unkomplizierte Möglichkeit, um an ein Cover erstklassiger Qualität zu gelangen. Bei dieser Methode wählen Sie von einem spezialisierten Anbieter ein vorgefertigtes Bild für Ihr Buch aus.

2.5.2 Bilder im Buch

Die Bilder innerhalb des Buchs dürfen ruhig kleiner sein.

2.5 Cover und Bilder

Empfehlungen:

- Breite 600 Pixel
- Höhe 800 Pixel
- empfohlenes Format: *.jpg*
- empfohlene Auflösung: 300 dpi

Zu kleine Bilder verursachen Probleme auf Amazon-Geräten. Kritisch wird es unter 300 x 400 Pixeln. Als Richtwert für Größenverhältnisse gilt der »Goldene Schnitt«, grob ein Verhältnis von 10:16. In der Regel ist es kein Problem, auch Bilder mit einer geringeren Höhe und einem anderen Verhältnis in ein E-Book zu integrieren. Falls mehrere Bilder verwendet werden, empfiehlt es sich aber, auf eine möglichst einheitliche Breite zu achten. Amazon empfiehlt nämlich eine Zentrierung aller Bilder bzw. zentriert die Bilder eigenmächtig. Optisch hinterlässt Ihr Buch mit einheitlichen Bildmaßen einen professionelleren Eindruck.

2.5.3 Metadaten

Das Wörtchen »Meta« stammt aus dem Griechischen und bedeutet so viel wie »dahinter«. In den Metadaten ist all das eingetragen, was für die Katalogisierung des Buchs in den Shops notwendig ist. Unterschätzen sollte man die Wichtigkeit der Metadaten nicht, denn nur über diese wird ein E-Book im Internet überhaupt sichtbar. Der Marketingverein des Buchhandels führt unter anderem diese Metadaten als besonders wichtig an:

- Autor und Titel
- Produktsprache
- Umfang
- Schlagwörter
- Beschreibung
- Themenklassifikation

Beim Umfang können Sie als Autor auch einen Schätzwert angeben, denn Seitenzahlen existieren beim E-Book ja nicht. Auf keinen Fall vergessen sollten Sie die Angabe der Sprache, denn in internationalen Shops landet Ihr Buch sonst möglicherweise im Abseits. Auch alle anderen Metadaten müssen möglichst präzise eingetragen werden, und zwar an zwei Stellen:

- Im E-Book selbst. Eingabefelder für Metadaten sind Bestandteil jedes ePub-Editors.
- Im Account Ihrer Verkaufsplattform.

> **ALLE MÖGLICHKEITEN VON METADATEN NUTZEN!**
>
> Auch Autorenporträts, Untertitel und die Zugehörigkeit zu Serien können die Sichtbarkeit Ihres E-Books verbessern. Die Informationen im Buch selbst und in den Shops sollten Sie so weit wie möglich angleichen.

2.6 Crashkurs HTML

HTML (*Hypertext Markup Language*) ist als Sprache des Internets bekannt. Sie definiert, wie Texte und Bilder im Web angeordnet werden. Schön, aber was hat das mit E-Books zu tun? Sehr viel, denn ein E-Book ist technisch gesehen nichts anderes als eine in Buchform gebrachte Website, jedoch mit diesen Besonderheiten:

Die Seiten heißen Kapitel, und sie enden nicht auf *.html*, sondern auf *.xhtml*. Dieser ein wenig strengere Standard bietet etwas weniger Möglichkeiten als HTML, für die Formatierung eines ePubs ist XHTML aber mehr als ausreichend.

Was ist die konkrete Aufgabe von HTML in E-Books? Die Sprache definiert, wo sich eine Überschrift oder ein Absatz befindet. Wie die Überschrift oder der Absatz genau aussieht, steht im Stylesheet, der CSS-Datei.

2.6.1 HTML für den E-Book-Bau

Gute Nachricht vorweg: Wenn Sie nicht gerade ein mit vielen Tabellen oder gar mathematischen Formeln versehenes Sachbuch planen, müssen Sie nur sehr wenige HTML-Regeln beachten. In einem Krimi oder Roman benötigen Sie lediglich Überschriften und Absätze – beides keine Hexerei. Zunächst aber ist es wichtig, ganz grob den Aufbau einer HTML-Seite zu verstehen.

Eine HTML-Datei besteht im Groben aus den Abschnitten `<head>` und `<body>`. Gekennzeichnet werden sie durch kurze Befehle. Diese werden »Tags« genannt und bestehen aus einem `<start>`- und einem `</end>`-Tag in spitzen Klammern. Im Endtag finden Sie immer einen Schrägstrich:

- Zwischen `<head>` und `</head>` befindet sich der Kopf einer HTML-Datei.
- Zwischen `<body>` und `</body>` steht der Inhalt eines E-Book-Kapitels, also Überschrift(en) und Text.

2.6.2 Überschriften in HTML

Eine Überschrift erster Ordnung steht innerhalb des `body`-Abschnitts zwischen dem Starttag `<h1>` und dem Endtag `</h1>`.

Beispiel:

`<h1>Kapitel 1: Erste Ordnung</h1>`

Das `h` leitet sich vom englischen Wort Heading ab. Eine Überschrift zweiter Ordnung wird so markiert:

`<h2>Kapitel 1.1 Zweite Ordnung</h2>`

In HTML können Sie stufenweise kleinere Überschriften bis zur Gliederungsebene `<h6>` anlegen. In E-Books muss das aber nicht ausgeschöpft werden. Für einen Krimi oder Roman genügen sogar zwei Ebenen: `<h1>` für die Hauptüberschriften und eine darunterliegende Ebene für das Impressum am Ende des Buchs. Unterüberschriften werden bei diesen Genres nur selten verwendet.

2.6.3 Absätze in HTML

Absätze werden in HTML auch als Paragrafen bezeichnet. Aus diesem Wort leitet sich das `<p>` für die Markierung ab. Ein einfacher Absatz wird im HTML-Quellcode so definiert:

`<p>Hier steht ein Absatz</p>`

Mischen dürfen Sie Überschriften und Absätze nicht! Ein kleines Kapitel könnte folgendermaßen aussehen:

`<h1>Kapitel eins</h1>`

`<p>Absatz eins</p>`

`<p>Absatz zwei</p>`

2.7 Crashkurs CSS

Das Aussehen der HTML-Markierungen wird von einer separaten CSS-Datei definiert. Sie wird auch Stylesheet genannt. Leider gibt es keine Garantie, dass die vom Webdesign üblichen CSS-Standards in allen E-Book-Formaten übernommen werden. Weitgehend CSS-konform ist das ePub-Format, Amazons Mobi hingegen ignoriert einige CSS-Anweisungen.

Als weitere Unsicherheitsfaktoren kommen die unterschiedlichen Lesegeräte und Lese-Apps ins Spiel. Je mehr Feinheiten zum Einsatz kommen, desto höher das Risiko für eine fehlerhafte Darstellung. Die umfangreichen Layoutmöglichkeiten von CSS sollten also vorsichtshalber nicht voll ausgeschöpft werden.

2.7.1 CSS im Einsatz

Beispiel: In einem Buch mit zwölf Kapiteln befindet sich an jedem Kapitelanfang eine Überschrift, erkennbar am HTML-Starttag `<h1>` und -Endtag `</h1>`. Wie sich diese Überschriften zu verhalten haben, wird in der CSS-Datei definiert. Darin finden sich zumeist Angaben über die Schriftgröße, die Ausrichtung und den Abstand zwischen Überschrift und dem folgenden Absatz. All diese Eigenschaften ruft die HTML-Seite im Stylesheet ab.

2.7.2 CSS-Grundbegriffe

Ganz ohne Theorie geht es bei CSS zwar nicht, aber es sind nicht mehr als ein Dutzend Begriffe, die zur Erstellung eines E-Books gebraucht werden. Sind Sie bereit für einen Sprung ins kalte Wasser? Los geht's!

```
001  p {text-indent: .3em;
002  text-align: justify}
```

In den zwei Zeilen ist eine sogenannte Regel definiert, und zwar für ein Absatzelement `<p>`.

Was macht eine Regel? Sie sagt dem Browser bzw. dem E-Reader, wie er das Selektierte darstellen soll. Der obige Absatz soll mit einer Einrückung `text-indent` beginnen und im Blocksatz ausgerichtet sein. Für den Blocksatz steht `justify`. Jetzt schreiben wird diese Regel einmal komplett in Fachchinesisch:

```
001  Selector { Eigenschaft: Wert;
002  Eigenschaft: Wert }
```

Erklärung:

- `Selector`: Er gibt an, auf welches Element die Regel überhaupt angewendet werden soll, im Beispiel oben auf den Absatz.
- `Eigenschaft`: So etwas wie Einzug oder Ausrichtung. Innerhalb von CSS gibt es einen Katalog aller möglichen Eigenschaften.
- `Wert`: Jeder Eigenschaft wird ein Wert zugeordnet. Werte können zum Beispiel in Millimetern oder Prozent stehen. Hinweis: Innerhalb eines Werts dürfen keine Lücken gelassen werden, es heißt z. B. `3em` und nicht `3 em`.

Das Semikolon, im Volksmund Strichpunkt genannt, muss zwingend nur zwischen dem ersten Eigenschaft/Wert-Paar stehen. Vor der schließenden geschweiften Klammer ist es nicht unbedingt notwendig.

Die Kombination aus einer Eigenschaft und einem oder mehreren Werten nennt man auch Deklaration. Alles, was sich innerhalb der geschweiften Klammer befindet, nennt sich Deklarationsblock.

2.7.3 Absolute und relative Werte

Für die Größenangaben können in CSS entweder absolute oder relative Werte verwendet werden. Absolute Werte sind beispielsweise `px` (Pixel) oder `cm` (Zentimeter).

Für E-Books sind diese Werte allerdings völlig ungeeignet, denn sie nehmen keine Rücksicht auf das verwendete Lesegerät. Eine Überschrift in `20px` Größe mag auf dem PC ihre Berechtigung haben, aber auf dem Smartphone verbraucht sie zu viel Platz. Für uns E-Book-Bauer gilt deshalb in Stein gemeißelt:

Absolute Größeneinheiten sind absolut tabu!

Verwenden Sie prinzipiell nur die relativen Werte `em` und `%`. Dann ändern sich die Größen der Elemente immer in Bezug zum Elternelement. Jutoh und andere Editoren verwenden `em` als Maßeinheit.

2.7.4 Überschriften

Zur Erinnerung: In HTML wird definiert, wo eine Überschrift beginnt und wo sie endet. Das Aussehen der Überschrift liegt in den Händen von CSS. Für eine Überschrift erster Ordnung könnte die Regel so aussehen:

2 E-Books formatieren

```
001  h1 {
002     margin-top:4em;
003     margin-bottom:2em;
004     page-break-after:avoid;
005     font-size: 1.20em;
006     text-align: center;
007     text-indent:0em;
008  }
```

Erklärung: Innerhalb der geschweiften Klammer steht der Deklarationsblock, der insgesamt sechs Deklarationen enthält. Die beiden `margin`-Werte sorgen für einen kleinen Abstand nach oben und unten. Danach wird mit `page-break` ein Seitenumbruch direkt nach der Überschrift in jedem Fall verhindert.

Die Schriftgröße `font-size` von 1.20em sorgt dafür, dass die Überschrift in Relation zum Text größer erscheint. Der Normaltext hat die Größe 1.00em.

Die beiden letzten Deklarationen betreffen die Textausrichtung. Die Überschrift wird mit `text-align` zentriert, aber ohne Einrückung `text-indent` dargestellt. Beides zusammen ergibt auch wenig Sinn.

Weitere CSS-Tricks finden Sie im Sigil-Workshop in Kapitel 5. Sigil ist für CSS-Fans das beste Werkzeug für die E-Book-Formatierung.

2.8 Das richtige Werkzeug

Bevor es mit der E-Book-Erstellung losgeht, wird die Werkzeugkiste sortiert. Denken Sie an eine Fahrradreparatur: Einiges funktioniert mit dem Schraubenschlüssel besser, anderes mit dem »Knochen«. Zum Auswechseln des Rads brauchen Sie beides. Die Werkzeuge im Überblick:

2.8.1 Writer2epub

Writer2ePub, kurz *W2E*, ist kein eigenes Werkzeug, sondern ein Aufsatz. Allein ist es nämlich nicht funktionsfähig. Voraussetzung ist OpenOffice oder LibreOffice! Und das wird mit W2E produziert: ein E-Book im ePub-Format – und zwar sehr schnell.

2.8.2 Calibre

Calibre wird oft als Schweizer Messer bezeichnet. Die Dinger sind populär, weil sie alle Anwender auf unterschiedliche Weise beglücken. Der Weinkenner freut sich über den Korkenzieher, der Tetrapack-Schlürfer über die Schere. Was so ein Teil allerdings nicht kann: ordentliches Werkzeug ersetzen!

Die Produktion eines E-Books ist mit Calibre allein ziemlich umständlich. Magenschmerzen verursacht vor allem das Erstellen des Inhaltsverzeichnisses. Wenn Sie keine kryptischen Kommandozeilenbefehle studieren möchten, überlassen Sie die ersten Schritte der Produktion anderen Programmen wie Writer2ePub, Sigil oder Jutoh. Calibre erledigt dann den Feinschliff und vor allem die Umwandlung von ePub zu Mobi. Writer2ePub und Sigil beherrschen die Mobi-Konvertierung nämlich leider nicht.

2.8.3 Jutoh

Sie stehen mit Quellcode jeglicher Art auf Kriegsfuß, ja, Sie hassen gar das Herumdoktern in HTML und CSS? Dann ist Jutoh Ihr Programm, denn damit kommen Sie auch mit grafischer Oberfläche zum Ziel – und das für beide relevanten Formate, ePub und Mobi. Jutoh ist nicht kostenlos, aber vergleichsweise günstig zu haben.

2.8.4 Sigil

Das kostenlose Programm Sigil steht heute auf festen Beinen – zum Glück für alle E-Book-Autoren, denn zeitweise war die Weiterentwicklung fraglich. Zum Erstellen von ePubs ist es ein geniales Tool, weil es die einzelnen Bestandteile fein auflistet und in der Codeansicht detaillierte Eingriffsmöglichkeiten bietet. Geeignet ist es für Autoren mit grundlegenden Kenntnissen in HTML und CSS. Sigil funktioniert auf allen Computersystemen (Windows, Mac OS X und Linux). E-Books im ePub-Format lassen sich erstellen, bearbeiten und betrachten. Für die anschließende Konvertierung ins Mobi-Format ist ein weiteres Programm notwendig.

Das ideale Team bilden also Sigil und Calibre.

2.8.5 Sonstige Werkzeuge

Nur der Vollständigkeit halber sei hier auch *InDesign* erwähnt, ein professionelles und nicht ganz billiges Layoutprogramm für Printprodukte. Es lässt zwar prinzipiell auch einen ePub-Export zu, allerdings funktionieren die ausgefeilten CSS-Befehle selten fehlerfrei. Um nicht missverstanden zu werden: Für die Produktion eines gedruckten Buchs ist InDesign die beste Wahl, aber eben nicht für ein E-Book. Schießen Sie nicht mit Kanonen auf Spatzen!

> **GEHT ES OHNE?**
>
> Immer noch bieten Shops und Distributoren den Upload eines E-Books in Formaten wie DOC oder DOCX an. Da stellt sich natürlich die Frage, ob eine Konvertierung überhaupt notwendig ist. Die Antwort ist ganz einfach, wenn Sie ein E-Book guter technischer Qualität erstellen und verkaufen möchten: Selber konvertieren ist besser!
>
> Die Plattformen möchten niemanden abschrecken, und aus diesem Grund versprechen sie irgendeinen Dreischrittmodus der Sorte »Registrieren, Hochladen, Verkaufen«. In den Styleguides wird aber mehr oder weniger deutlich darauf hingewiesen, dass ePub lieber akzeptiert wird als ein Format aus einem Textverarbeitungsprogramm.
>
> Eine Fehlerquelle liegt bei der automatischen Konvertierung von *.doc* und *.docx*. Leider funktionieren die Konvertierer doch nicht so problemlos wie gedacht. Wenn Formatierungen ignoriert werden, muss das Buch nachträglich bearbeitet und erneut hochgeladen werden. Einfacher ist es, gleich auf das Zielformat zu setzen.

2.9 Der richtige Workflow

»Wahre Künstler werden fertig!« Wenn Sie zu viele technische Dinge ausreizen, werden Sie kaum noch dazu kommen, das Buch zu schreiben und zu vermarkten. Praktikabel ist die Beschränkung auf die beiden wichtigsten Formate, nämlich das freie Format ePub und das Amazon-Format Mobi. Mit den folgenden drei unterschiedlichen Methoden erhalten Sie am Ende ein E-Book, das alle wichtigen Verkaufsplattformen und Lesegeräte abdeckt:

2.9.1 Methode 1: Writer2ePub plus Calibre

1. Texterstellung in OpenOffice oder LibreOffice.
2. ePub-Erstellung in Writer2ePub.
3. Mobi-Export in Calibre.

2.9.2 Methode 2: Alles in Jutoh

1. Texterstellung in Jutoh.
2. ePub-Erstellung in Jutoh.
3. Mobi-Export in Jutoh.

2.9.3 Methode 3: Sigil plus Calibre

1. Texterstellung in beliebigem Textverarbeitungsprogramm.
2. Import als reiner Text.
3. ePub-Erstellung in Sigil.
4. Mobi-Konvertierung in Calibre.

VERSUCHSBALLON STARTEN

Schreiben ist eine Kunst wie Musik oder Schauspielerei. Jeder Autor muss seinen persönlichen Idealweg finden. Bevor Sie sich mit dem ganzen Werk für einen bestimmten Workflow entscheiden, sollten Sie einen Versuchsballon starten! Am besten verfassen Sie einen kurzen Sinnlostext in zwei Kapiteln und probieren damit verschiedene Wege zum ePub- und Mobi-Format aus, einschließlich der in Kapitel 6 beschriebenen Validierung und Qualitätskontrolle. Für das eigentliche Werk verwenden Sie diejenigen Tools, mit denen Sie sich am leichtesten anfreunden konnten.

2.10 Kostenlose Profitools

Spezielle Aufgaben erledigen kostenlose Profitools. Die Einarbeitung lohnt sich spätestens fürs zweite E-Book. Mal ehrlich, jeder Autor träumt doch von einer Fortsetzung!

2.10.1 Der Bildkonverter iResize

Dieses Tool läuft auf dem Mac und ist ideal für Autoren, die viele Bilder ins E-Book integrieren möchten, es beherrscht nämlich die Stapelverarbeitung. Mit iResize lassen sich im Handumdrehen nicht nur Bilder in ein einheitliches Format, sondern auch auf eine einheitliche Größe bringen, was im E-Book gleich viel professioneller aussieht.

2.10.2 Der HTML- und CSS-Editor Brackets

Dies ist etwas für CSS-Freaks, und zwar unabhängig von der verwendeten Plattform! Adobes Editor Brackets läuft nämlich auf Windows, Mac und Linux. Er ist eigentlich für die Websiteprogrammierung gedacht, ist aber auch für den E-Book-Bau hilfreich, speziell für die Feinarbeit mit HTML und CSS. Mit Brackets können Sie live im Browser programmieren und die Änderungen sofort kontrollieren. Zwischenspeichern, mühseliges Wechseln zwischen verschiedenen Fenstern und die Aktualisierung des Screens entfallen. Um schnell ein paar CSS-Änderungen zu testen, ist Brackets ein geniales Tool!

2.10.3 Das Grafikprogramm PhotoFiltre

Die Benutzung von automatischen Coverdesignern der Shops und E-Book-Editoren sind eine Verzweiflungstat. Die damit erstellten Cover sehen alle entsetzlich langweilig aus – wie eine Gebrauchsanweisung oder das Bildungsfernsehen aus den Achtzigern. Besser ist es, das Cover selbst zu gestalten, doch womit? Photoshop? Teuer, und die meisten Funktionen braucht man gar nicht. GIMP? Irgendwie unhandlich. Für Windows-User heißt die Lösung *PhotoFiltre*! Es ist kostenlos, einfach zu bedienen und hat genauso viele Funktionen, wie man für die Covergestaltung braucht!

2.10 Kostenlose Profitools

iRezise in Aktion. Im linken Fenster steht ein Stapel Bilddateien zur JPEG-Konvertierung bereit. Die fertigen Bilder werden entweder im Quellordner oder in einem vorher definierten Ordner in 600 Pixel Breite abgelegt.

Brackets, der perfekte Editor für saubere HTML- und CSS-Dateien.

3 EIN KRIMI MIT WRITER2EPUB

Jetzt wird's kriminell. Für diesen Workshop sind Sie ideal gerüstet, wenn das Manuskript schon mit OpenOffice oder LibreOffice erstellt wurde. Der Workshop funktioniert aber auch, wenn Sie den Text mit einem der beiden Programme öffnen können. Am Ende erhalten Sie ein E-Book in beiden relevanten E-Book-Formaten: ePub und Mobi. Auf zur Tat!

Das Bild zeigt Anna Vendettas Thriller »Mord in Pompeji«. Sie schreiben auch gern über Verbrechen aller Art? Gut, denn für die E-Book-Produktion eignet sich dieses Thema am besten. Der klassische Krimi verzichtet auf Bilder, Gedichte und Schnörkeleien – das würde nur von der Handlung ablenken.

»Mord in Pompeji«!

3.1 Rohmaterial für einen Krimi

Anna Vendettas wesentliches Rohmaterial besteht aus dem obigen Cover und dem Inhalt (das Impressum kann später ergänzt werden).

Der Inhalt:

- Überschriften der ersten Ordnung – sie wurden in OpenOffice bzw. LibreOffice mit `<h1>` formatiert. Überschriften weiterer Ordnungen gibt es nicht.
- Kapitel in Form von Absätzen.

Das Buch gibt es nicht wirklich, wundern Sie sich also nicht darüber, wie schnell Inspektor Vesuvio den Mordfall gelöst hat. Hier das komplette Werk:

> **1. Kapitel: Nachricht an Inspektor Vesuvio¶**
> Inspektor Vesuvio blieb auf der Veranda sitzen, als sein Telefon einen Anruf des Archäologen Luca Moreno aufzeichnete.¶
>
> **2. Kapitel: Mord, es war Mord¶**
> Moreno war von einem eifersüchtigen Kollegen ermordet worden. Inspektor Vesuvio hatte seinen ersten Fall gelöst.¶

In nur zwei Kapiteln hat Inspektor Vesuvio den Mord gelöst. Um die Formatierung zu kontrollieren, sind die Steuerzeichen in OpenOffice bzw. LibreOffice eingeblendet.

Das Bild zeigt zwei Überschriften und zwei Kapitel, aus technischer Perspektive das Minimum für ein E-Book. Als Speicherformat dient ODT. Bevor es weitergeht, muss OpenOffice bzw. LibreOffice aufgemöbelt werden.

3.2 Writer2ePub installieren

Writer2ePub, abgekürzt *W2E*, ist mit Sicherheit das am meisten unterschätzte Tool für die E-Book-Produktion. Das mag daran liegen, dass es nicht eigenständig funktioniert, sondern nur innerhalb eines »Gastprogramms«. Zur Auswahl stehen:

- **OpenOffice Writer** – das Textverarbeitungsprogramm von OpenOffice.
- **LibreOffice Writer** – das Textverarbeitungsprogramm von LibreOffice.

3.2.1 Extension Manager nutzen

Zunächst müssen Sie W2E herunterladen, am besten über die Herstellerseite *http://writer2epub.it/en/*. Anschließend öffnen Sie in LibreOffice bzw. OpenOffice über das Menü *Extras* den Extension Manager. Dort gehen Sie unten auf die Schaltfläche *Hinzufügen*, wählen die heruntergeladene Datei aus und installieren W2E. Wenn Sie den Extension Manager dann noch einmal aufrufen, wird W2E angezeigt.

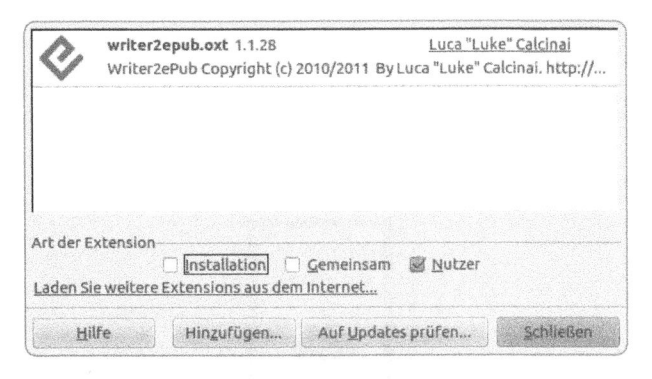

Im Extension Manager wird W2E nach der Installation angezeigt.

Nachdem sich W2E eingenistet hat, kann die Konvertierung zu ePub beginnen.

3.3 Writer2ePub im Einsatz

Nachdem Sie den Extension Manager geschlossen haben, präsentiert sich auch schon die W2E-Toolbar im Programm. Hinter den drei grünen Icons verbirgt sich alles, was zur Herstellung eines ePubs notwendig ist. Zur Erkundung gehen Sie am besten von rechts nach links vor. Hinter der Schaltfläche mit dem *P* finden Sie die Programmeinstellungen.

Lassen Sie die Grundeinstellungen am besten unverändert. Geschmackssache ist, ob Sie den Haken bei *W2E-Credits am Ende des Buches einfügen* aktiviert lassen. Der Programmierer von W2E freut sich bestimmt darüber. Über die Schaltfläche in der Mitte, die mit einem *i* versehen ist, geben Sie die Metadaten ein und fügen das Cover hinzu!

Liebling aller E-Book-Bauer: die kleine, aber feine W2E-Toolbar.

3.3.1 Metadaten und Cover

Pflichtfelder sind *Titel*, *Autor* und *Umschlag*. Schaden kann es aber nicht, auch die übrigen Metadatenfelder auszufüllen. Eine Ausnahme ist das Feld *ISBN*, denn diese ist in der in der Regel abhängig von Ihrer Vertriebsplattform. In der rechten Spalte fügen Sie das Cover hinzu, das Sie mit einem externen Programm erstellt haben. Der Metadaten-Editor sollte dann ungefähr so aussehen:

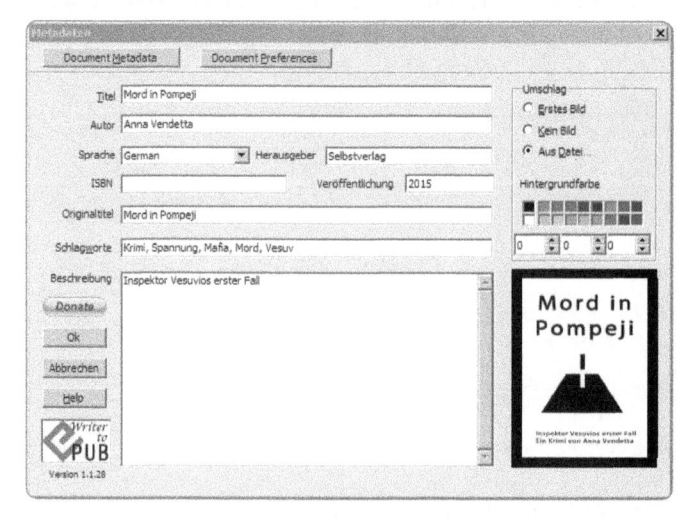

Die Metadaten wurden in W2E eingefügt.

3.3.2 Text splitten mit Writer2ePub

In der Kopfleiste des Metadaten-Editors finden Sie die Schaltfläche *Document Preferences*. Mit einem Klick darauf öffnet sich ein neues Fenster. Darin ist standardmäßig angegeben, dass mit jeder Überschrift erster und zweiter Ordnung ein neues Kapitel beginnt. Der Text wird damit immer vor einer Überschrift gesplittet, und jedes Kapitel erhält eine neue Datei. Diese Einstellung können Sie so lassen.

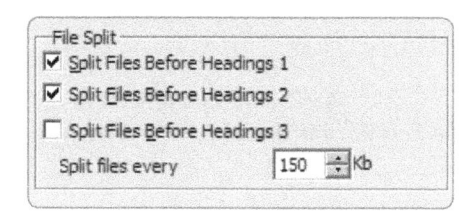

In der Standardeinstellung von W2E wird der Text vor jeder Überschrift erster und zweiter Ordnung aufgeteilt.

3.4 ePub erstellen

Mit der Schaltfläche ganz links in der W2E-Toolbar wird das ePub auch schon erstellt, und zwar einschließlich des Inhaltsverzeichnisses. Es findet sich in W2E zwar keine Möglichkeit zur Editierung, aber dank der Erkennung der Überschriften ist das auch gar nicht nötig. Was als Überschrift formatiert wurde, ist ins Inhaltsverzeichnis aufgenommen. Fertig!

W2E meldet Vollzug! Arbeit erledigt, ePub erstellt.

Zufrieden meldet W2E, dass alle Dateien erstellt wurden, die für ein ePub notwendig sind. Falls Sie Ihr Buch ausschließlich auf ePub-Plattformen verkaufen möchten, können Sie den Krimi nun validieren und hochladen. Für die Konvertierung ins Mobi-Format benötigen Sie noch Calibre. Das Tool lohnt sich aber auch zur Qualitätskontrolle.

3.5 Calibre installieren

Falls Sie es nicht schon benutzen, können Sie Calibre von *calibre-ebook.com* herunterladen. Funktionen hat das »Schweizer Messer« viele, und etwas gewöhnungsbedürftig ist die Menüführung mit den riesigen Schaltflächen. Das macht aber nichts, denn jetzt geht es nur um die Qualitätskontrolle unseres Krimis und die Konvertierung ins Mobi-Format. Beides lässt sich schneller erledigen, als ein Bier zum Kühlen im Eisfach braucht.

3.5.1 Qualitätskontrolle in Calibre

Damit der Krimi gelesen werden kann, muss er via *Bücher hinzufügen* in die Calibre-Bibliothek geladen werden. Danach sollte das Buch in der großen Mittelspalte zu sehen sein.

Bücher der Calibre-Bibliothek hinzufügen.

Die Qualitätskontrolle beginnt mit einem Blick in die rechte Spalte. Hier ist zu sehen, dass W2E gute Vorarbeit geleistet hat: Unterhalb des Covers wird neben anderen Informationen auch das Format angezeigt, nämlich ePub.

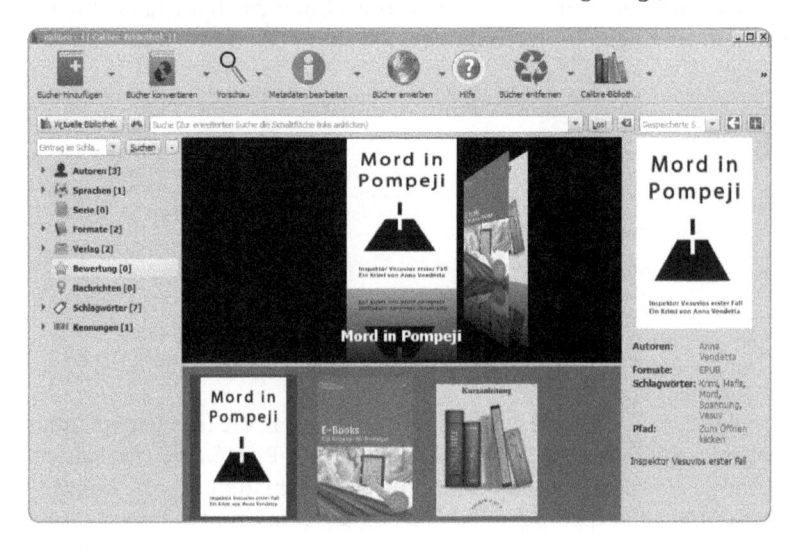

Calibre hat geladen: Mord in Pompeji.

3.5.2 Den Krimi in Calibre ansehen

Hinter der Schaltfläche mit der Lupe verbirgt sich Calibres E-Book-Betrachter. Mit einem Klick kann das in W2E erstellte E-Book schon gelesen werden.

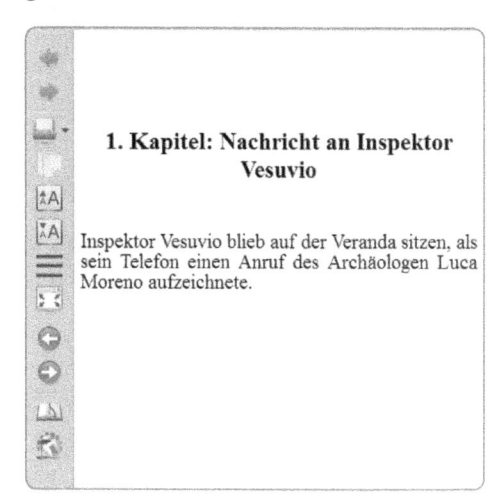

Hier geht es zur Buchansicht.

Das ePub im Calibre-Betrachter.

Mit jeder Überschrift beginnt ein neues Kapitel. Über die runden Pfeile links lässt sich vor- und zurückblättern. Das Inhaltsverzeichnis verbirgt sich hinter der Menüschaltfläche mit den drei waagerechten Balken. Es kann jederzeit über die Menüleiste aufgerufen werden. W2E hat solide Arbeit geleistet, jetzt muss Calibre für die Mobi-Konvertierung ran.

3.5.3 Konvertierung in das Mobi-Format

Der Konverter startet mit Klick auf *Bücher konvertieren*. Links oben steht das *Eingabeformat*, rechts oben lässt sich das *Ausgabe-Format* bestimmen. Wir wählen *MOBI* aus.

Konvertierung von ePub zu Mobi.

Eingabeformat *EPUB* – Ausgabeformat *MOBI*.

3 Ein Krimi mit Writer2ePub

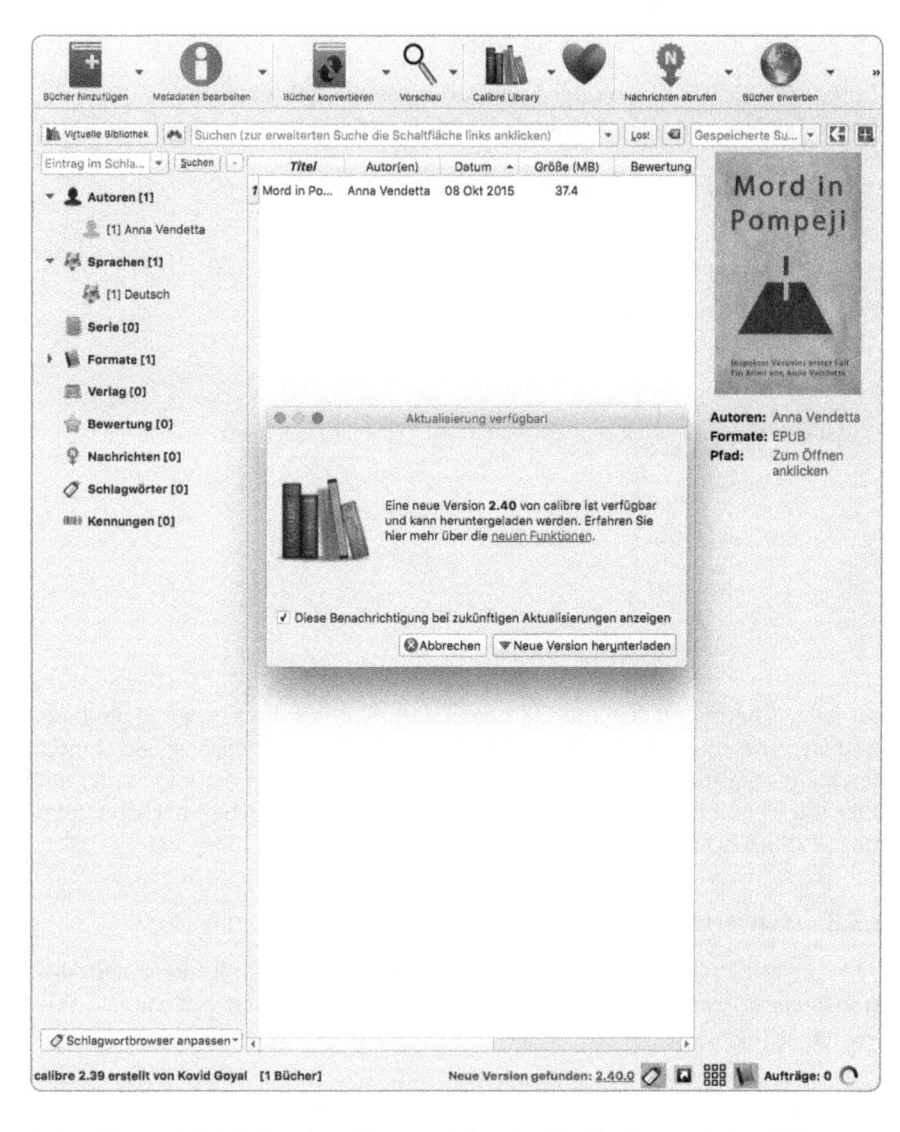

Achten Sie gerade bei Calibre darauf, immer mit der aktuellen Version zu arbeiten. Nahezu im 3-Wochen-Rhythmus gibt es neue Calibre-Updates mit noch mehr Funktionen.

Bei einem kleinen Buch ist die Konvertierung in wenigen Sekunden abgeschlossen. Danach zeigt sich Calibre wieder in der Standardansicht. Wagen Sie einen Kontrollblick auf die rechte Spalte.

Mobi ist hinzugekommen! Auch dieses Format lässt sich im Calibre-Betrachter lesen. Zum Aufrufen des Betrachters klicken Sie auf *EPUB* bzw. *MOBI* in der Zeile *Formate*. Damit ist der Krimi-Workshop abgeschlossen. Jetzt die Beine hochlegen und ein Päuschen vor dem nächsten Schritt machen: Das Buch sollte vor dem Upload extern validiert werden (siehe dazu Kapitel 6).

Mord in Pompeji

Inspektor Vesuvios erster Fall
Ein Krimi von Anna Vendetta

Autoren:	Anna Vendetta
Formate:	EPUB, MOBI
Schlagwörter:	Krimi, Mafia, Mord, Spannung, Vesuv
Pfad:	Zum Öffnen klicken

Inspektor Vesuvios erster Fall

Der Krimi liegt nun in *EPUB* und *MOBI* vor.

4 EIN ROMAN MIT JUTOH

Autofreier Montag

Der Zukunftsroman von Einrad Abb

Sie schreiben gern Romane und widerwillig Code? Ist erlaubt! Goethe hat ja auch nicht nebenbei Bäume fürs Papier gefällt und Schriftsetzer gelernt.

Vielleicht überlegen Sie, einige Bilder in den Roman einzufügen? Dieses Problem lässt sich mit Jutoh ebenfalls lösen. Als Beispiel dient der Roman »Autofreier Montag« von Einrad Abb. Wie der Autorenname vermuten lässt, handelt es sich um ein satirisches Werk. Es besteht aus 13 Kapiteln, einem Coverbild und einem weiteren Bild. Letzteres soll im sechsten Kapitel eingefügt werden. Links sehen Sie das Cover.

Der Roman »Autofreier Montag« entsteht in Jutoh.

4.1 Jutoh installieren

Jutoh läuft auf allen Plattformen: Windows, Mac OS X und Linux. Das Programm ist zwar nicht kostenlos, aber die Herstellerfirma mit Sitz in Edinburgh verlangt sehr »schottische« Preise. Angeboten wird es in der Standardversion für 30 Euro und als Jutoh Plus für 60 Euro. Die Standardversion reicht für die meisten Zwecke völlig aus. Los geht es mit der Installation des Grundprogramms sowie einiger Zusatztools.

4.1.1 Jutoh-Download

Sie können zunächst die eingeschränkte Demoversion von *www.jutoh.com* herunterladen und die Freischaltung zur Vollversion später erledigen. Sie müssen also nicht die Katze im Sack kaufen. Nach dem Download wählen Sie das Installationsverzeichnis. Hier legt Jutoh alle Dateien ab.

4.2 Zusatzprogramme

Damit Sie Ihr E-Book ohne weitere Programme bauen können, muss Jutoh ein wenig aufgemöbelt werden. Es geht um Amazon: Wir brauchen die Zusatzprogramme *KindleGen* und *Kindle Previewer*.

Weil beide Programme Fremdanwendungen sind, verweist Jutoh während der Installation gleich auf die entsprechenden Downloadseiten des Herstellers. Und das ist Amazon.

```
Downloads
                                    ☑ I agree to terms of use

        KindleGen v2.9 for Windows (XP, Vista, 7)      [Download Now]

        KindleGen v2.9 for Mac OS 10.5 and above i386  [Download Now]

              KindleGen v2.9 for Linux 2.6 i386        [Download Now]
```

Das von Jutoh angeforderte *KindleGen* kann bei Amazon heruntergeladen werden.

Zunächst laden Sie KindleGen herunter. Danach gehen Sie innerhalb von Jutoh auf *Installieren*. Anschließend laden Sie den *Kindle Previewer* herunter. Hat alles geklappt? Dann ist jetzt der richtige Zeitpunkt, um die Registrierung nachzuholen!

In Jutoh klicken Sie dafür oben auf das Schlüsselsymbol.

4.3 Jutoh-Überblick

Nach dem Start öffnet sich ein Willkommensbildschirm mit Informationen zu Formaten, allerdings wirken diese Informationen ein wenig zusammengewürfelt. Es folgt deshalb eine Aufstellung der relevanten Formate zum Im- und Export.

4.3.1 Import- und Exportformate

Folgende Formate lassen sich in Jutoh importieren:

- **DOCX** – Dieses Format kann zum Beispiel mit Word erstellt werden.
- **ODT** – Ein beliebtes Format für OpenOffice und LibreOffice.
- **TXT** – Ein reines Textformat ohne Formatierungen.

- **ePub** – Sie können auch bestehende E-Books in Jutoh importieren.
- **XHTML, HTML** und diverse andere Formate auf Basis der Websprache HTML.

In der Praxis werden am häufigsten die ersten drei verwendet. Word-User verwenden DOCX, Anwender von OpenOffice ODT. Das Format TXT ist in fast jedem Programm vorhanden. Es ist dafür geeignet, unformatierten Text zu transportieren.

Die Aufstellung der Importformate dient in diesem Workshop nur der Vollständigkeit, denn wir wollen ja mit Ausnahme der Bilder alles komplett in Jutoh erstellen. Relevant sind die Exportformate. Auch hier bietet Jutoh eine ganze Fülle an. Wichtig sind zwei:

- **ePub** für die Shops außerhalb der Amazon-Welt.
- **Mobi** für den Verkauf auf Amazon.

Nach dem Willkommensbildschirm landen Sie auf dem Jutoh-Desktop.

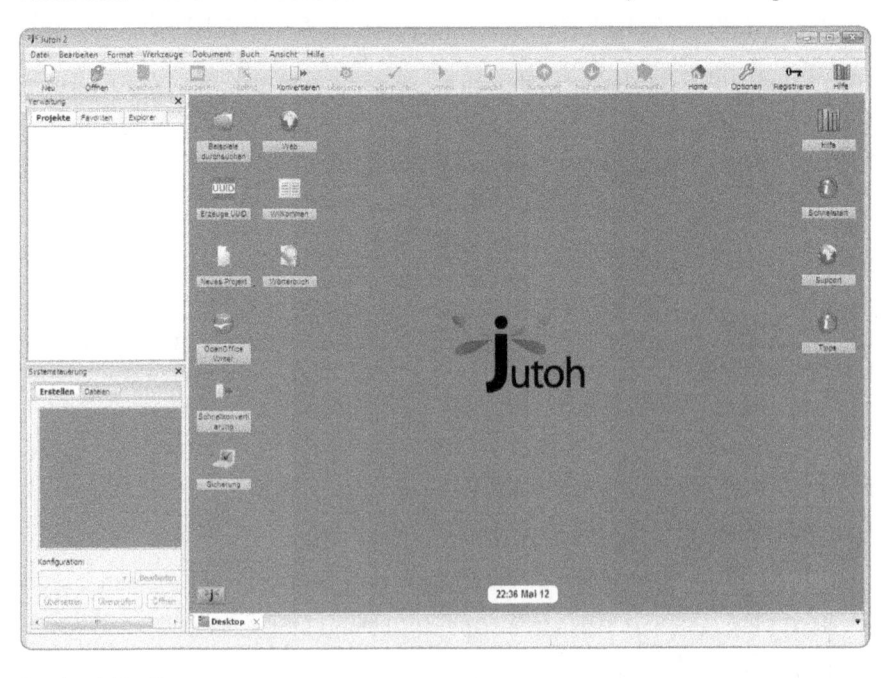

Der Jutoh-Desktop.

Das Bild zeigt den Jutoh-Desktop, also die Oberfläche von Jutoh. Darauf zu sehen sind, und das kann verwirren, auch Textverarbeitungsprogramme wie OpenOffice und LibreOffice, aber nur, wenn Sie sie vorher selbst installiert haben; mitgeliefert werden sie nicht.

4.4 Romanprojekt anlegen

Am einfachsten ist Jutoh zu bedienen, wenn Sie bereits das Manuskript damit verfassen.

Klicken Sie dazu links oben auf *Datei/Neues Projekt*. Verschiedene Möglichkeiten bieten sich an, um ein neues Projekt zu starten. Für unseren Roman wählen wir *Von Beginn (mit einem leeren Projekt)*.

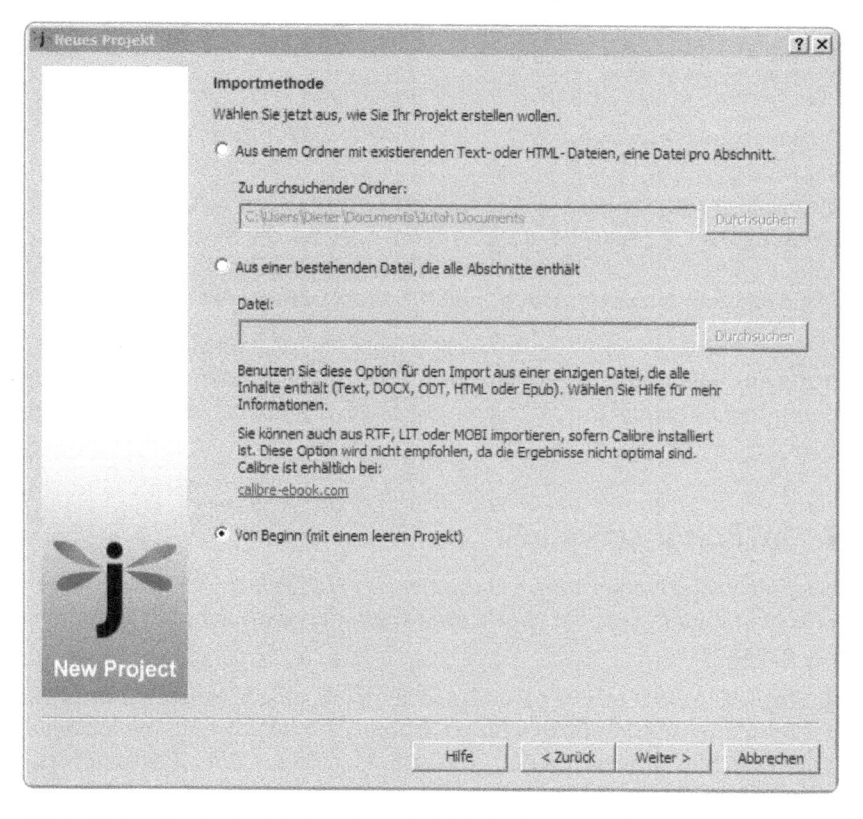

Mit der Option *Von Beginn (mit einem leeren Projekt)* wird Jutoh als Schreibprogramm ausgewählt.

4.5 Texterstellung vorbereiten

Nachdem das neue Projekt gestartet ist, besteht Jutoh darauf, einige grundlegende Metadaten (Buchtitel und Autor) zu erfahren. Das wird schnell erledigt, denn eine spätere Änderung ist unproblematisch. Sie können hier auch einen Arbeitstitel eingeben.

Nach einem Klick auf *Weiter* folgt ein Bildschirm, in dem Speicherort und Formate ausgewählt werden. Am besten lassen Sie alles unverändert. Dasselbe gilt für den nächsten Bildschirm, der eine Abfrage zum Layout enthält:

> **Layoutauswahl**
>
> Wählen Sie aus, ob Sie ein Buch mit variablem Layout (wie z.B. einen Roman) oder ein Buch mit festem Layout (wie z.B. ein Bilderbuch) erstellen wollen.
>
> Sie können aus einem bestehenden Dokument in ein Buch mit variablem Layout importieren, nicht aber in ein Buch mit festem Layout.
>
> ⊙ Normales Buch mit variablem Layout

Das variable Layout ist das bessere.

Die Auswahl *Normales Buch mit variablem Layout* garantiert, dass sich der Text dem Lesegerät anpasst. Für einen Roman ist das die ideale Form. Es folgen einige weitere Bildschirme, unter anderem zum Upload für das Cover (er lässt sich später noch austauschen) und für einen Dokumenttitel.

Wenn der Name des ersten Kapitels schon feststeht, wählen Sie ihn als Dokumenttitel aus, ansonsten geben Sie einen Arbeitstitel an, zum Beispiel *Dokument Autofreier Montag*. Danach haben Sie es geschafft, und der Editor öffnet sich.

4.6 Im Editor schreiben

Links ist die Projektverwaltung zu sehen, in der Mitte wird der Text geschrieben. Rechts befindet sich der Werkzeugkasten, der gebraucht wird, um den Text zu formatieren.

Der Editor wartet auf Futter. Sparen Sie nicht bei den Ideen, sondern zunächst bei der Formatierung. Minimalismus ist Trumpf: Der Beginn einer neuen Zeile nach der Überschrift muss mit der ⏎-Taste erstellt werden. Alles andere ist erst einmal Fließtext.

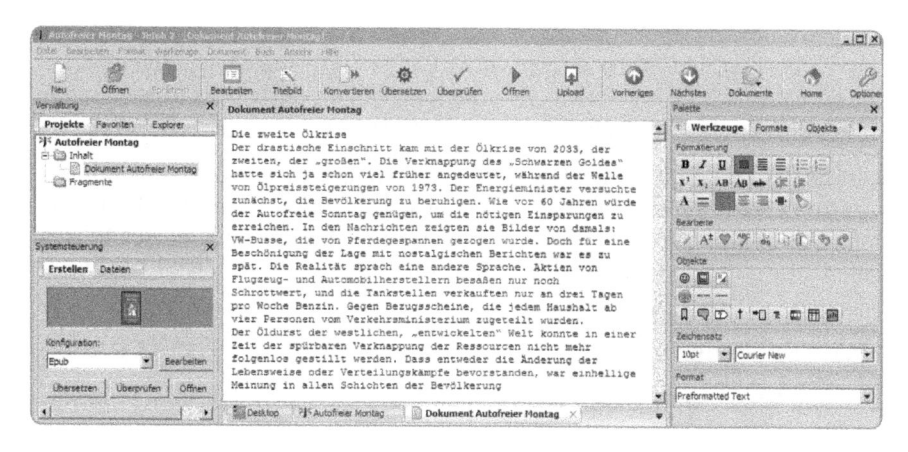

Der Roman entsteht direkt in Jutoh.

4.7 Text formatieren

Rechts neben dem Textfeld befindet sich Jutohs Werkzeugkiste. Damit ist das Formatieren auch ohne HTML- und CSS-Kenntnisse möglich. Wechseln Sie in der rechten Palette auf die Registerkarte *Formate*. Los geht es mit den Überschriften.

4.7.1 Überschriften formatieren

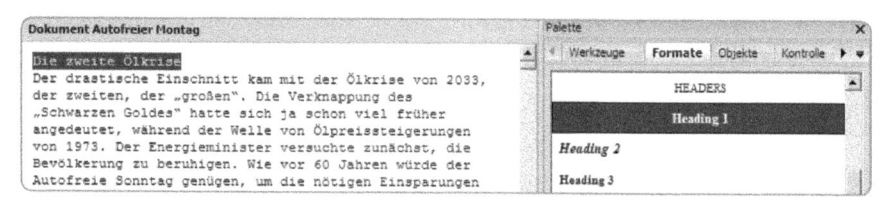

Überschrift markieren und *Heading 1* zuweisen.

Im Editor markieren Sie die Überschrift, klicken in der Palette rechts auf das Register *Formate* und doppelklicken dann auf *Heading 1*. Das Ergebnis:

Die Überschrift wurde mit *Heading 1* formatiert.

Nach dem Formatieren erscheint die Überschrift im Editor größer, fett, mit Abstand zum Text und mittig ausgerichtet. Einige dieser Eigenschaften sind aus der *Formate*-Palette ersichtlich. Zu erkennen ist hier auch, dass Überschriften ab der 2. Ordnung linksbündig ausgerichtet werden.

Jetzt heißt es, alle Überschriften durchzugehen und zuzuordnen. Das Impressum für den »Autofreien Montag« befindet sich auf der letzten Seite. Hier empfiehlt es sich, eine kleinere Überschrift zu wählen. Kapitel und »Formalitäten« sollen für den Leser klar unterscheidbar sein.

4.7.2 Feinheiten im Text

Über die Werkzeugkiste auf der rechten Seite lässt sich der Text so formatieren, wie Sie es aus Microsoft Word, OpenOffice oder Pages gewohnt sind. Klicken Sie einfach auf die entsprechenden Symbole für Fettschrift, kursive Schrift usw. Sie sollten es dabei nicht übertreiben. Es ist leider nicht gewährleistet, dass komplexe Formatierungen wie Aufzählungen oder Tabellen auf allen Lesegeräten und mit jeder Lesesoftware korrekt dargestellt werden.

Nach dem Markieren der Überschriften haben wir das Buch zwar rein optisch gegliedert, aber der gesamte Text befindet sich noch in einer einzigen Datei. Für ein E-Book ist das problematisch.

4.8 Dokument aufteilen

Jetzt ist ein bisschen Handarbeit gefordert. Im Normalfall erhält jedes Kapitel eine eigene Datei, und gesplittet wird vor den Überschriften.

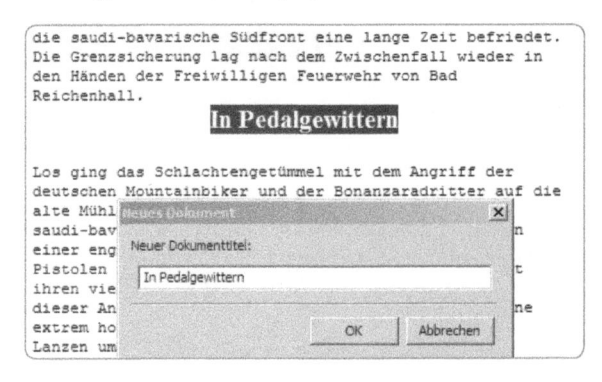

Immer vor den Überschriften wird das Dokument gesplittet.

So funktioniert die Aufteilung in Jutoh:

① **Überschrift markieren.**

② **Bearbeiten/Dokument aufteilen** anklicken.

③ Das neue Kapitel links im Inspektorfenster kontrollieren.

④ Zur nächsten Überschrift gehen und wieder bei Schritt 1 beginnen.

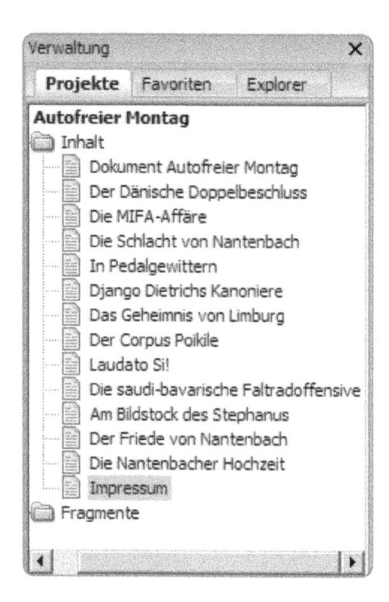

Der Roman wurde in Kapitel gesplittet.

Aus dem Startdokument wurden alle Kapitel herausgetrennt. Das Impressum wurde vom letzten Kapitel abgespaltet. Jetzt muss *Dokument Autofreier Montag* noch so umbenannt werden, wie das erste Kapitel heißt.

4.9 Bild einfügen

Da war doch noch etwas? Richtig, zur Illustration des Romans soll ein Bild eingefügt werden, und zwar in das sechste Kapitel. Zunächst einige Hinweise zum Bild selbst:

Nach 70 Jahren läuft das Urheberrecht eines Zeichners oder Fotografen aus. Weil die gezeigte Kanone aus einer Quelle des 19. Jahrhunderts stammt, ist die Verwendung des Bilds kein Problem.

Die Bildunterschrift wurde in das Bild integriert, ebenso die abschließende Verzierungsleiste. So ist sichergestellt, dass die Anordnung nicht verrutscht und auf allen Readern im Sinne des Autors dargestellt wird.

Das Bild *kanone.jpg* wurde in den Projektordner importiert. Es erscheint in der Vorschau etwas unscharf, wird aber im Buch selbst unverändert wiedergegeben.

Zunächst muss das Bild in Jutohs Verzeichnis integriert werden. Gehen Sie auf *Datei/Importieren* und wählen Sie rechts unten *Bilddatei* aus.

Die Kanone ist, wie in der Projektverwaltung zu sehen, im Projektordner gelandet.

Gehen Sie wieder in den Text und navigieren Sie mit dem Cursor an die Stelle, an der das Bild eingefügt werden soll.

Drücken Sie auf die ⏎ -Taste, um einen neuen Absatz zu erzeugen. Dann rufen Sie mit der rechten Maustaste das Kontextmenü auf und fügen das Bild ein.

4.10 Metadaten ergänzen

Beim Anlegen des Projekts haben Sie nur die nötigsten Metadaten eingegeben, jetzt wird der Rest ergänzt. Die Maske wird über *Bearbeiten/Projekteigenschaften/Metadaten* aufgerufen.

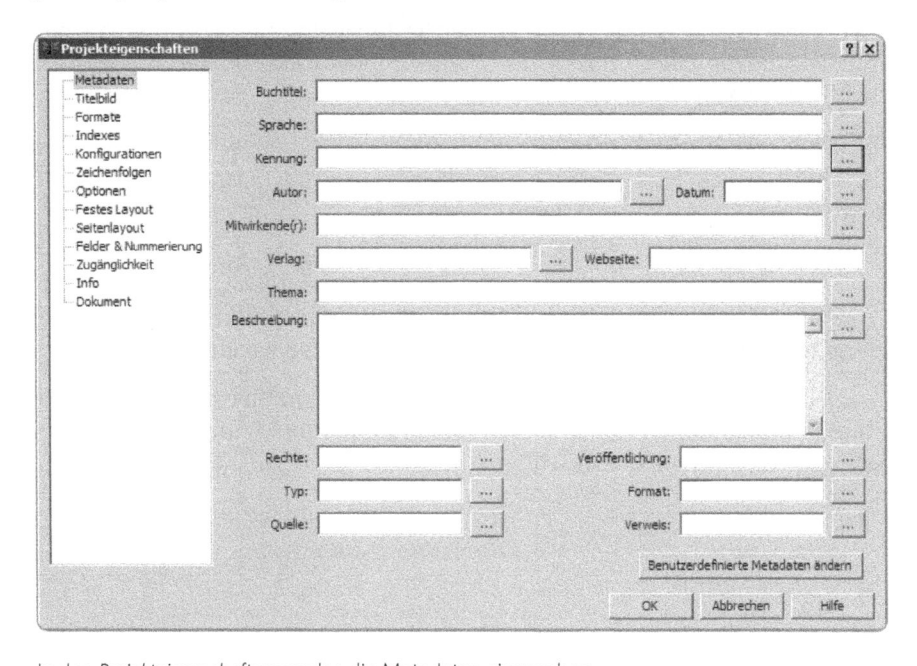

In den *Projekteigenschaften* werden die Metadaten eingegeben.

4.11 Inhaltsverzeichnis erstellen

Was noch fehlt, ist das Inhaltsverzeichnis. Jutoh erledigt diese Aufgabe über den Inhaltsverzeichnis-Assistenten. Aufgerufen wird er über *Projekteigenschaften/Index/Starte Assistent für das Inhaltsverzeichnis*.

Die nun erscheinenden Auswahlbuttons lassen verschiedene Möglichkeiten zu, doch am besten übernehmen Sie die Voreinstellungen. Nach einem Klick fertigt das Programm auf Basis der Kapitelüberschriften das Inhaltsverzeichnis an.

4.12 Export nach ePub und Mobi

Jutoh speichert zunächst das ganze Projekt im hauseigenen Format mit der Endung *.jutoh*. Die Erstellung eines E-Books verbirgt sich hinter dem Button *Übersetzen*.

Doch zunächst muss Jutoh wissen, welche Exportformate gewünscht sind. Dazu wählen Sie *Buch/Projekteigenschaft/Konfiguration* aus und klicken das Zielformat *Erzeuge Epub* an:

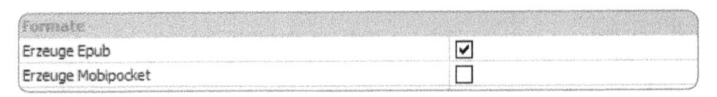

Formate	
Erzeuge Epub	☑
Erzeuge Mobipocket	☐

Zielformate auswählen.

Es empfiehlt sich, zwei separate Arbeitsschritte durchzuführen. Setzen Sie zuerst nur einen Haken bei *Mobi*, anschließend gehen Sie auf *Übersetzen*.

In einem zweiten Durchgang konvertieren Sie von Jutoh nach Mobi. Die veraltete Bezeichnung *Mobipocket* muss Sie nicht irritieren, in Jutohs Projektordner finden sich die gewünschten E-Books.

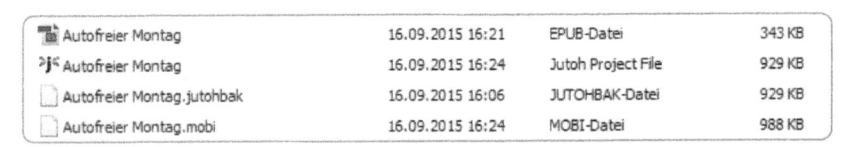

Autofreier Montag	16.09.2015 16:21	EPUB-Datei	343 KB
Autofreier Montag	16.09.2015 16:24	Jutoh Project File	929 KB
Autofreier Montag.jutohbak	16.09.2015 16:06	JUTOHBAK-Datei	929 KB
Autofreier Montag.mobi	16.09.2015 16:24	MOBI-Datei	988 KB

Der Roman wurde in die Formate ePub und Mobi konvertiert.

Bevor Sie das E-Book in die Shops laden, sollte eine Validierung durchgeführt werden. Diese ist in Kapitel 6 beschrieben.

4.12 Export nach ePub und Mobi

Autofreier Montag

Der Zukunftsroman von Einrad Abb

5 EIN SPRÜCHEBUCH MIT SIGIL

Das Leben ist hart genug. Was tröstet, sind oft die Sprüche – dumme und gescheite. Um genau dieses Thema geht es in diesem Workshop. Man könnte meinen, dass ein paar Sprüche leichter zu formatieren seien als ein Roman, doch weit gefehlt. Das Gegenteil ist der Fall!

5.1 Ein klarer Fall für Sigil

Jeder Spruch braucht Platz zum Nachbarn und Abgrenzung vom Fließtext. Diese Herausforderungen gilt es mit Sigil zu meistern:

- Mischung von durchgehendem Text und Sprüchen.
- Abstände zwischen Sprüchen.
- Unterschiedliche Textausrichtungen.
- Absätze mit und ohne Einzug.

Ähnliche Anforderungen gelten natürlich für Koch- oder Sachbücher. Auch für diesen Einsatz ist Sigil besser geeignet als jedes andere Programm, um ein sauberes ePub erstellen – aus dem in Calibre nach Mobi konvertiert werden kann.

Um sich in Sigil schnell zurechtzufinden, können Vorkenntnisse in HTML und CSS nicht schaden. Dank der Umschaltmöglichkeit zwischen Quelltext- und Buchansicht ist es dann recht einfach, sich die Feinheiten nach dem Prinzip »Learning by Doing« anzueignen.

> **LEARNING BY DOING**
>
> Mit Sigil HTML und CSS lernen? Das geht! Am besten legen Sie eine Testdatei mit dem Namen *ichprobiermal.epub* in Sigil an. Damit können Sie verschiedene CSS-Anweisungen gefahrlos testen, bevor Sie sich an die Formatierung Ihres Manuskripts wagen.

5.2 Nach der Installation

Die Basics: Sigil ist kostenlos und auf allen Plattformen heimisch: Windows, Mac OS X und Linux. Im Jahr 2014 stand das ganze Projekt zwar schon mal auf der Kippe, wurde dann aber in gute Hände gegeben und weitergeführt. Die letzte Version 0.8.7 stammt vom Juni 2015. Erfreulicherweise sind die meisten Menüs eingedeutscht.

SIGIL AUF DEM WEG ZU EPUB3

An dieser Stelle des Buchs klinkt sich kurz der Lektor ein und freut sich, mitteilen zu können, dass seit dem 25. September 2015 mit der Version Sigil-0.8.900 das erste Pre-Release für die kommende Sigil-0.9.0-Version heruntergeladen werden kann. Alles deutet darauf hin, dass mit Sigil bald auch ePub3-fähige E-Books erstellt werden können.

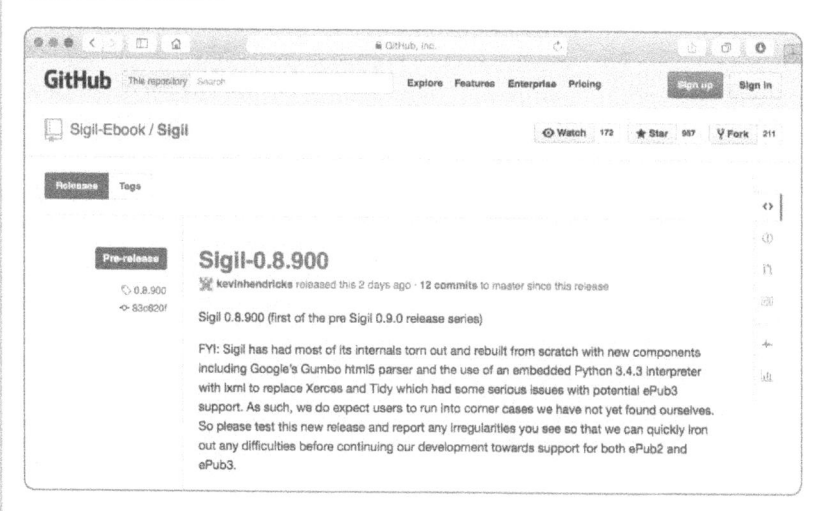

Hier gibt es das Pre-Release Sigil-0.8.900: *https://github.com/Sigil-Ebook/Sigil/releases*.

Zur Installation: Linuxer und andere Nerds laden das Programm standesgemäß von *https://github.com/Sigil-Ebook/Sigil/* herunter, alle Normalbürger gehen den komfortableren Weg über die Downloadseite von Heise: *www.heise.de/download/sigil.html.*

Die Macher von Sigil stecken allen Enthusiasmus in die Verbesserung ihres Programms. Da bleibt wenig Zeit für die Pflege der eigenen Website *www.sigil-E-Book.com*, auf der das Programm gar nicht zu finden ist.

Der Platzbedarf für die Installation beträgt knapp 100 MByte, Sigil ist also relativ genügsam. Die Installation läuft in der Regel zügig durch. Notwendig sind weder Zusatzprogramme noch irgendwelche Lizenzierungen.

Aufgeräumt wirkt Sigil nach der Installation. Unter einer Reihe von Menüs präsentieren sich drei große Fenster.

Die Kapitel und andere Bestandteile des E-Books werden links im Buchbrowser ausgewählt und im mittleren Fenster bearbeitet. Um Sigil (so weit wie möglich) einzudeutschen, klicken Sie auf die Taste F5 oder das Menü *Edit/Preferences.*

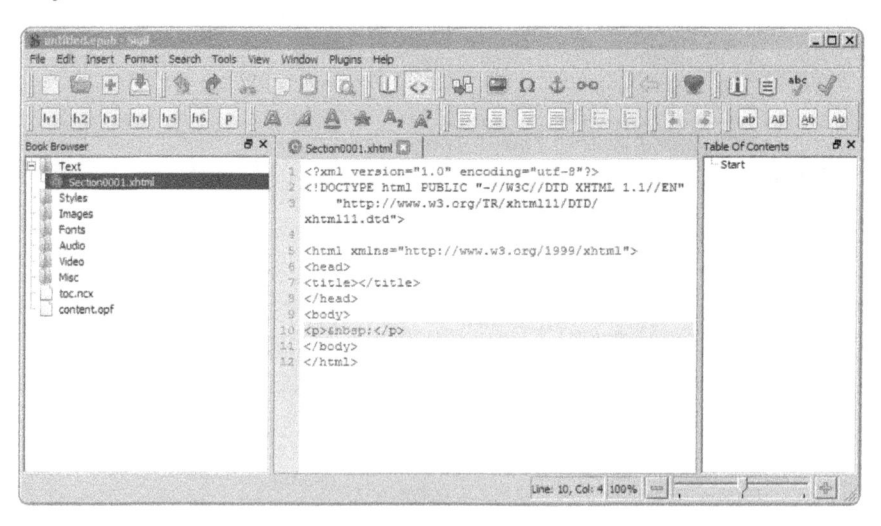

Sigil frisch nach der Installation.

5.2.1 Sigil-Buchbrowser

Im linken Fenster ist der Buchbrowser zu sehen. Dank ihm weiß der User immer, an welcher Stelle des ePubs er sich gerade befindet. Markiert ist die Datei *Section0001.xhtml*. Im großen Mittelfenster befindet sich der Text des ersten Kapitels bzw. ein leeres Blatt. Sie haben ja noch nichts verfasst.

Wenn Sie auf einen anderen Eintrag doppelklicken, erscheint auch er im Mittelfenster und kann bearbeitet werden. Doch bevor es losgeht, sollten Sie sich vergewissern, in welchem Modus Sigil gerade arbeitet.

Sigil hat ein erstes Kapitel angelegt. Im Buchbrowser ist es selektiert: *Section0001.xhtml*.

5.2.2 Quelltext- und Buchansicht

Sigil zeigt standardmäßig die Quelltextansicht. Wenn Sie oben in der Mitte der Symbolleiste auf das aufgeschlagene Buch klicken, gelangen Sie in den anderen Betriebsmodus von Sigil, die Buchansicht. Dort ist das Buch so zu sehen, wie es auf den Readern erscheint.

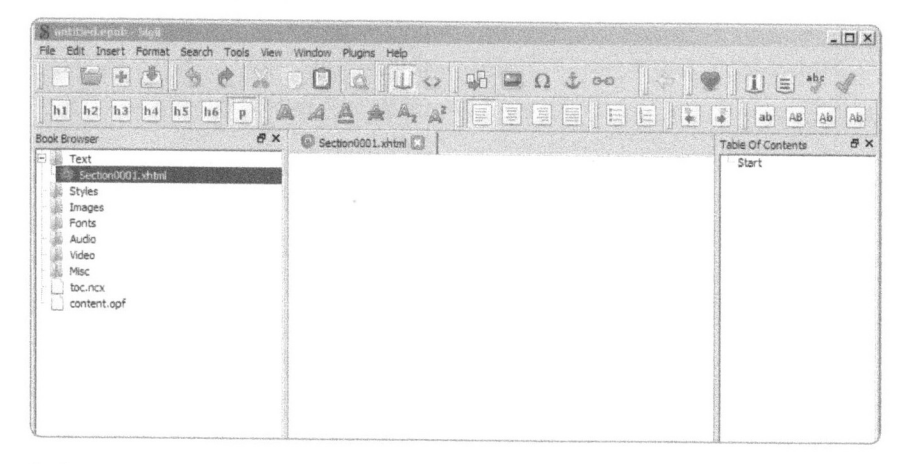

Sigil in der Buchansicht. Im mittleren Fenster darf geschrieben werden.

5.3 Ein neues Projekt anlegen

Mit einem Klick auf *Datei/Neu* legt Sigil ein neues Projekt mit dem Titel *untitled.epub* an.

untitled bedarf keiner weiteren Erläuterung, die Endung *.epub* schon. Das Besondere an Sigil ist nämlich, dass es nicht in einem programmeigenen Format speichert, sondern sofort im ePub-Format. Für das Sprüchebuch klicken wir nun auf *Speichern unter* und wählen den neuen Namen *spruechebuch.epub*.

5.3.1 Manuskript einfügen

Gehen wir vom schlimmsten Fall aus: Die Sprüche wurden erst auf Bierdeckel gekritzelt und haben dann ihren Weg in diverse Programme gefunden. Mit anderen Worten: Die Formatierungen sind chaotisch. Das macht aber nichts, denn wir importieren so über die Zwischenablage, dass die Formatierungen entfernt werden:

❶ In Sigil in der Buchansicht wählen Sie Kapitel 1 aus, also *Section0001.xhtml*.

❷ Kopieren Sie den gewünschten Spruch aus Word oder einer sonstigen Quelle mit der Tastenkombination `Strg`+`C`.

❸ In der Symbolleiste von Sigil klicken Sie auf das Klemmbrett, um den Inhalt der Zwischenablage in das Buch einzufügen.

❹ In einem Fenster erscheint die Frage: *Sollen die Daten in der Zwischenablage als unformatierter Text eingefügt werden?* Diese Frage beantworten Sie natürlich mit *Yes*.

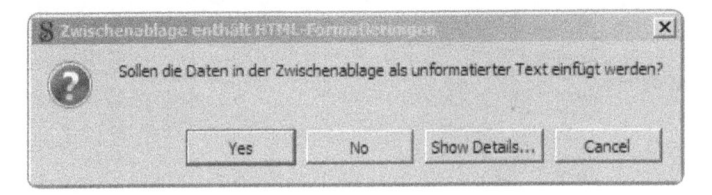

Text unformatiert aus der Zwischenablage einfügen.

5.3.2 Rohmaterial des Sprüchebuchs

In unserem Buch geht es um Twitter-Weisheiten – genauer gesagt um Liebe, Politik, Mann und Frau und das Leben auf dem Lande. Zum Landlust-Kapitel hier das Rohmaterial:

- Überschrift: *Bauernregeln.*
- Fließtext: *Schwer hat's der moderne Landwirt! Er muss gleichzeitig den Hof bewirtschaften und die Twitter-Timeline versorgen. Die neuen Bauernregeln:*
- Spruch 1: *Hühner streiken, Milch wird sauer, wenn vor Twitter hockt der Bauer.*
- Spruch 2: *Wenn der Bauer zu viel twittert, ist der Hof im Herbst verwittert!*

Dieses Rohmaterial haben wir nach der oben beschriebenen Methode als unformatierten Text in die Datei *Section0001.xhtml* importiert.

5.3.3 Rohmaterial im Quellcode

Wir wechseln in den Quelltextmodus von Sigil. Zwischen `<body>` und `</body>` steht der importierte Text in dieser Form:

```
001  <p>Bauernregeln</p>
002  <p>Schwer hat's der moderne Landwirt! Er muss gleichzeitig
     den Hof bewirtschaften und die Twitter-Timeline versorgen.
     Die neuen Bauernregeln:</p>
003  <p>Hühner streiken, Milch wird sauer, wenn vor Twitter
     hockt der Bauer.</p>
004  <p>Wenn der Bauer zu viel twittert, ist der Hof im Herbst
     verwittert!</p>
```

PS: Es kann sein, dass sich einige Leerzeichen eingeschlichen haben. Sie können sie löschen! Achten Sie aber darauf, dass Sie nur im `body` der XHTML-Datei Veränderungen vornehmen. Alles im Kopfbereich, also zwischen `<head>` und `</head>`, ist tabu!

5.3.4 Grundformatierung

Weil *Bauernregeln* als Überschrift dienen soll, ändern Sie die Absatztags in Überschriftentags.

Das Ergebnis:

```
001    <h1>Bauernregeln</h1>
```

Der Rest kann so bleiben – vorerst.

5.4 CSS erzeugen und verknüpfen

Weiter geht es mit dem Stylesheet für das Sprüchebuch. Klicken wir einmal im Buchbrowser auf den Ordner *Styles*. Was ist darin? Nichts! Ein Standard-Stylesheet liefert Sigil nämlich nicht mit. Der CSS-Ordner ist wüst und leer. Nerds gucken spaßeshalber in den Quelltext der *content.opf* (eine Buchansicht gibt es ja keine). Auch da taucht keine Spur einer CSS-Datei auf.

Fazit: Der E-Book-Bauer macht es selbst!

5.4.1 Stylesheet erzeugen

Über *Datei/Hinzufügen/Leeres Stylesheet* wird eine jungfräuliche CSS-Datei angelegt. Danach überprüfen Sie an mehreren Stellen, ob alles geklappt hat.

❶ Im Verzeichnis *Styles* sollte eine Datei mit Namen *Style0001.css* auftauchen.

❷ Die Nerds dürfen wieder *content.opf* anklicken. Innerhalb der Manifest-Tags müsste auch eine CSS-Referenzierung zu finden sein.

❸ Zudem sollte die CSS-Verknüpfung im Kopfbereich unserer Textdatei *Section0001.xhtml* auftauchen. Tut sie aber nicht! Daher ist unsererseits ein bisschen Handarbeit nötig.

5.4.2 Stylesheet verknüpfen

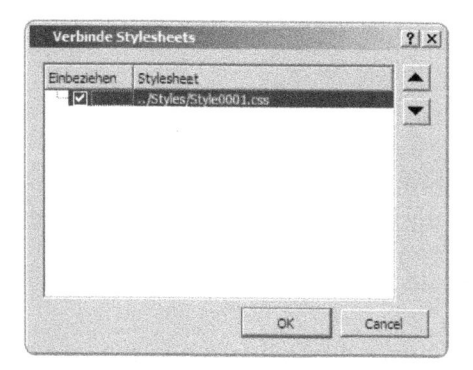

Das Stylesheet wird mit dem Häkchen verknüpft.

Die beste CSS nützt nichts, wenn sie nicht mit den Textdateien verknüpft ist. So geht es weiter:

1. Im Buchbrowser die XHTML-Datei anklicken.
2. Mit der rechten Maustaste das Kontextmenü öffnen.
3. *Verbinde Stylesheets* auswählen.
4. Den Haken bei *Einbeziehen* setzen (das vergisst man oft).
5. *OK* anklicken.

Jetzt spähen Sie noch einmal in den Kopfbereich der XHTML-Datei und entdecken freudig diese Zeile:

```
001  <link href="../Styles/Style0001.css" rel="stylesheet"
     type="text/css"/>
002  Listing Ende
```

> **MEHRERE XHTML-DATEIEN VERKNÜPFEN**
>
> Falls Sie den Text Ihres ePubs schon in mehrere Dateien gesplittet haben, lässt sich mit einem Trick etwas Arbeit sparen: Bei gedrückter ⌜Strg⌝-Taste wählen Sie alle XHTML-Dateien gleichzeitig aus und weisen sie einer CSS-Datei zu.
>
> PS: Auch hier das Häkchen bei *Einbeziehen* nicht vergessen.

5.5 CSS nach Maß

Zuerst definieren wir die ganz normalen Überschriften erster und zweiter Ordnung: <h1> und <h2>.

5.5.1 Überschriften definieren

Aus Platzgründen ist das Listing auf Überschriften erster und zweiter Ordnung beschränkt. Eine passende Überschrift dritter Ordnung, falls das Impressum etwas unauffälliger dargestellt werden soll, erhalten Sie ganz einfach durch kleinere Werte bei den Außenabständen (margin) und der Schriftgröße (font-size).

```
h1
{
  margin-top: 4em;
  margin-bottom: 2em;
  page-break-after: avoid;
  font-size: 1.20em;
  text-align: center;
  text-indent: 0em;
}
h2
{
  margin-top: 3em;
  margin-bottom: 2em;
  page-break-after: avoid;
  font-size: 1.10em;
  text-align: left;
  text-indent: 0em;
}
```

5.5.2 Standardabsatz erstellen

Weiter geht es mit einem ganz normalen Absatz <p>:

```
p
{
margin-top: 0em;
margin-bottom: 0em;
text-align: justify;
text-indent: 0em;
}
```

Alles eingetippt? Dann wird es Zeit für einen Zwischenstopp. Klicken Sie in der Symbolleiste von Sigil auf den großen grünen Haken zur *Validierung*. Bei Tippfehlern, häufig sind es fehlende Klammern oder Strichpunkte, erhalten Sie eine Mitteilung, ansonsten meldet Sigil: *Keine Probleme entdeckt.*

In der Buchansicht sehen unsere Bauernregeln so aus:

> **Bauernregeln**
>
> Schwer hat's der moderne Landwirt! Er muss gleichzeitig den Hof bewirtschaften und die Timeline versorgen. Die neuen Bauernregeln: Hühner streiken, Milch wird sauer-wenn vor Twitter hockt der Bauer. Wenn der Bauer zu viel twittert, ist der Hof im Herbst verwittert!

Korrekt angezeigt, aber ganz schön langweilig für ein Sprüchebuch.

Wie man sieht, ist alles korrekt formatiert. Zu korrekt. Langweilig korrekt! Weil sich Einleitungstext und Sprüche nicht voneinander abheben, wirken die Gags nicht. Das geht besser, und zwar mit CSS-Klassen.

5.5.3 Der Klassenkampf

CSS bietet die Möglichkeit, sogenannte Klassen anzulegen. Damit können bestimmte Absätze aus der langweiligen Standarddarstellung ausbrechen.

5.5.4 Einen Absatz zentrieren

Wir bauen eine Klasse, um die Sprüche vom Fließtext abzuheben. In der CSS-Datei wird eine Klasse immer mit einem Punkt davor notiert.

```
001  .spruchindermitte {
002    margin-top: 1em;
003    margin-bottom: 1em;
004    font-size: 1.20em;
005    text-align: center;
006    text-indent: 0em;
007  }
```

Geschraubt wurde an den Außenabständen, der Schriftgröße und der Ausrichtung. Und so werden dann in der XHTML-Datei alle Absätze dieser Klasse gekennzeichnet:

```
001  <p class="spruchindermitte">Hier ist der Spruch</p>
```

Der Name der Klasse ist frei wählbar, Sie können statt .spruchindermitte auch .kaesebrot verwenden. Am besten sind Namen, die man selbst gut wiedererkennt.

5.5.5 Absatz mit Einzug

Wieder wird geschraubt, diesmal zusätzlich am Einzug (indent) bei der Textausrichtung von links. Die Buchstabengröße wurde auf 1.30em hochgejagt. Ein bisschen Drama muss bei diesem Spruch schon sein!

```
001  .einzug {
002    margin-top: 1em;
003    margin-bottom: 1em;
004    font-size: 1.30em;
005    text-align: left;
006    text-indent: 2em;
007  }
```

Und so wird die neue Klasse in der XHTML-Datei angefunkt:

```
001  <p class="einzug">Hier ist der Spruch</p>
```

Das Ergebnis in der Buchansicht sieht jetzt viel flotter aus:

> **Bauernregeln**
>
> Schwer hat's der moderne Landwirt! Er muss gleichzeitig auf den Hof bewirtschaften und die Timeline versorgen. Die neuen Bauernregeln:
>
> Hühner streiken, Milch wird sauer - wenn vor Twitter hockt der Bauer.
>
> Wenn der Bauer zu viel twittert, ist der Hof im Herbst verwittert!

Die Sprüche kommen dank der Formatierung mit CSS endlich zur Geltung.

5.5.6 Bild und Bildunterschrift

Last, but not least erfahren Sie, wie Sie Bilder in ein E-Book einfügen und mit einer Bildunterschrift versehen. In diesem Beispiel fungiert eine der Bauernregeln als Bildunterschrift. Damit das Bild und die dazugehörige Bildunterschrift nicht durch einen Seitenumbruch voneinander getrennt werden, verpacken wir beide Elemente in einen sogenannten `<div>`-Container. Darüber hinaus erhält das Bild einen dünnen Bilderrahmen mit abgerundeten Ecken.

Die Bildeigenschaften – Rahmen, Hintergrund und Eckenradius – werden in der CSS-Datei mit dem Befehl `img { }` definiert:

```
001  img {
002    border: 1px solid #c1c1bf;
003    padding: 4px;
004    background: #fff;
005    border-radius: 10px;
006  }
```

Die »Verpackungsanweisungen« für das Bild werden im `<div>`-Container `div.figure {}` hinterlegt:

```
div.figure {
  page-break-before: always;
  page-break-after: avoid;
  margin: 0em 0em 0em 0em;
  padding: 1em 1em 1em 1em;
  page-break-inside: avoid;
  display: inline-block;
}
```

Die Bildunterschrift wird als CSS-Klasse `p.caption` definiert. Die Schriftattribute können natürlich individuell angepasst werden.

```
p.caption {
  padding: 5px;
  font-family: sans-serif;
  font-size: 80%;
  font-weight: 500;
}
```

Und so sieht der HTML-Quelltext für das unten dargestellte Bildbeispiel in Sigil aus:

```
<body>
<h2>
Bauernregeln
</h2>

<div class="figure">
<img alt="" src="../Images/DSCF0597-2.jpg"/>
<p class="caption">Sankt Kosmas und Sankt Damian fängt
 das Laub zu färben an.</p>
</div>
</body>
```

Ein in das E-Book eingefügtes Bild mit einem dünnen Rahmen und abgerundeten Ecken. Eine der Bauernregeln fungiert in diesem Beispiel als Bildunterschrift.

5.6 Kapitel und Inhaltsverzeichnis

Nachdem alle Sprüche des Buchs formatiert wurden, geht es an die Aufteilung des Buchs in »eine« XHTML-Datei pro Kapitel. Abgeteilt wird jeweils vor einem neuen Kapitel, direkt vor dem `<h1>`-Tag.

Gehen Sie am besten in der Quelltextansicht mit dem Cursor an diese Stelle und klicken Sie im Menü auf *Bearbeiten/Teilung am Cursor*. Nach diesem Schritt sollten so viele XHTML-Dateien wie Kapitel vorliegen. Vergessen Sie nicht das Impressum am Ende des E-Books!

5.6.1 Inhaltsverzeichnisse in Sigil

Über *Werkzeuge/Inhaltsverzeichnis* finden Sie unterschiedliche Möglichkeiten zur Erstellung. Standard ist der erste Eintrag *Inhaltsverzeichnis erzeugen*. Damit wird die Datei *toc.ngx* für das Menü befüllt.

Die Option *HTML-Inhaltsverzeichnis* produziert das Inhaltsverzeichnis dagegen in HTML-Form. Sinnvoll ist das nur als Zusatz.

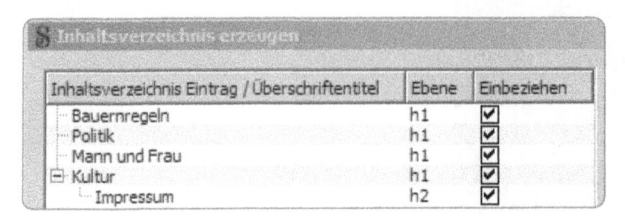

Inhaltsverzeichnis Eintrag / Überschriftentitel	Ebene	Einbeziehen
Bauernregeln	h1	☑
Politik	h1	☑
Mann und Frau	h1	☑
⊟ Kultur	h1	☑
Impressum	h2	☑

Aus den mit Häkchen aktivierten Überschriften erstellt Sigil das Inhaltsverzeichnis.

Im aufklappenden Fenster können Sie durch Anklicken der Checkbox wählen, welche Überschriften ins Inhaltsverzeichnis übernommen werden. Im Beispiel sind es alle <h1>-Überschriften und die <h2>-Überschrift für das Impressum am Buchende. Wenn Sie den Haken vor <h2> entfernen, fliegt das Impressum aus dem Inhaltsverzeichnis, aber natürlich nicht aus dem Buch.

5.7 Coverbild und Metadaten

Es fehlen noch das Coverbild und die Metadaten. Das Cover nennt Sigil *Buchdeckel*. Es wird über den Menüpunkt *Werkzeuge/Buchdeckel* eingefügt und landet auf diesem Weg automatisch im Bilderordner *Images*.

Zur Erinnerung: Am besten produzieren Sie das Cover im JPEG-Format und verwenden den simplen Dateinamen *cover.jpg*. Über *Werkzeuge/Metadaten-Editor* lassen sich Metadaten eingeben, allerdings sind die Möglichkeiten zunächst beschränkt. Erweiterte Einstellungsmöglichkeiten erhalten Sie über die Schaltfläche *Basisinfos hinzufügen*.

Nach einer Validierung ist das Sprüchebuch reif für den Upload in die ePub-Shops. Falls Sie auch Amazon bedienen möchten, muss eine Konvertierung in das Mobi-Format durchgeführt werden.

5.7 Coverbild und Metadaten

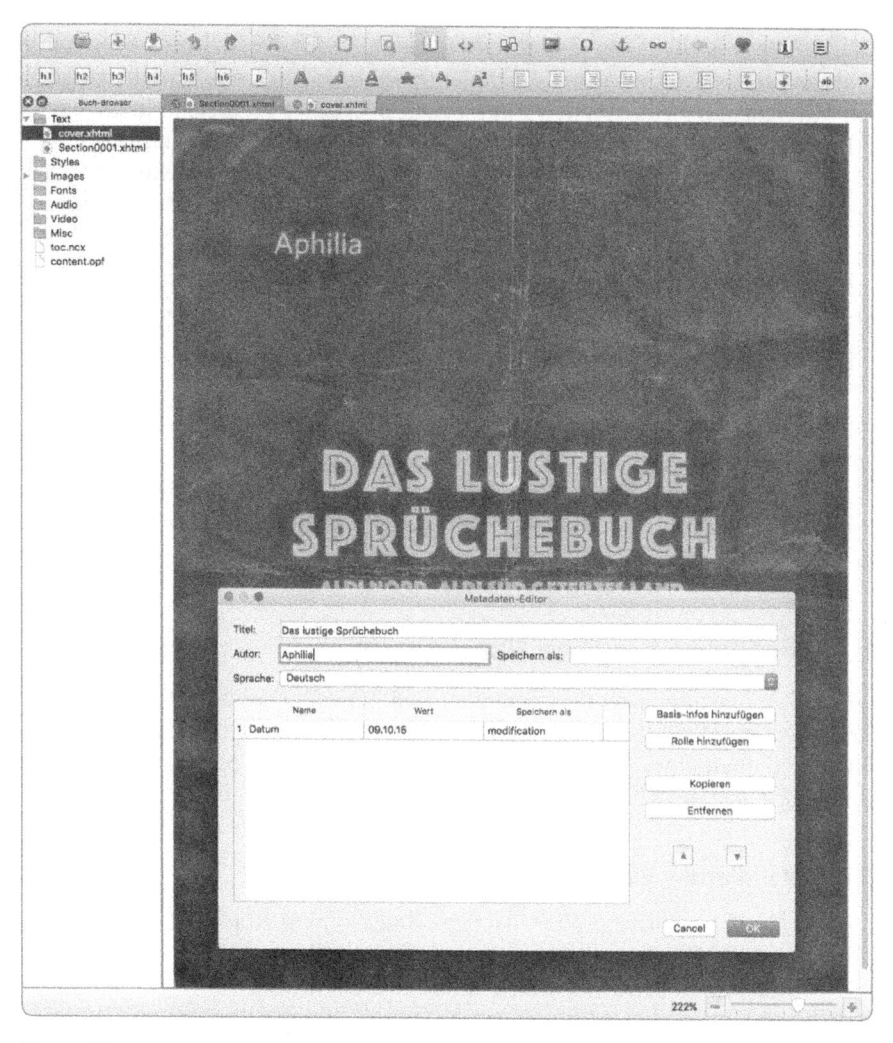

Zum Schluss wird der Buchdeckdel, sprich das Cover, eingefügt und im Metadaten-Editor Titel, Autor und Sprache eingetragen.

6 E-BOOKS VALIDIEREN

Die Validierung dient der Qualitätssicherung. Es geht auch ohne, aber dann müssen Sie sich auf eventuelle Probleme beim Upload in die Shops einstellen oder gar auf Beschwerden Ihrer Leser. Besser ist es, gleich ein sauberes E-Book einzureichen. Ein Validierungsprogramm muss man sich wie einen Grammatikfanatiker vorstellen, der Zeile für Zeile nach einer bestimmten Art von Fehlern sucht. Überprüft werden nämlich nur die technischen Aspekte.

In der Regel melden die Programme nicht vorhandene Metadaten oder Fehler im Quellcode. Schwächen in der Story oder Rechtschreibfehler werden dagegen übersehen. Zur Vermeidung der Letztgenannten gibt es eine Möglichkeit, die sehr viel früher im Workflow eingreift, nämlich die Rechtschreibprüfung. Sie ist heute in nahezu jedem Programm zur Texterstellung integriert.

Bei der Auswahl der Validierungsprogramme gilt das Motto »viel hilft viel«. Es kann nie schaden, das E-Book auf unterschiedlichste Weise zu testen. Die in diesem Kapitel vorgestellten Programme und Methoden sind nur Vorschläge. Je nach individueller Ausstattung mit Soft- und Hardware verwendet jeder Self-Publisher andere Tools.

6.1 Programmeigene Validierung

Los geht es mit der programmeigenen Validierung. Diverse Editoren haben freundlicherweise schon eine Validierungsmöglichkeit integriert. Bei Jutoh finden Sie oben einen roten Haken, der das integrierte Programm *ePubCheck* startet und Fehler in der Zusammensetzung eines ePubs meldet.

6.1.1 Validierung eines E-Books mit Sigil

Ähnlich userfreundlich ist Sigil. Nach einem Klick auf den großen grünen Haken rechts außen in der Symbolleiste überprüft schon der »Sanity Checker« die Konsistenz des E-Books.

Der kleine Haken *abc* daneben startet die Rechtschreibprüfung. Vielleicht hat sich ja doch ein Fehler eingeschlichen.

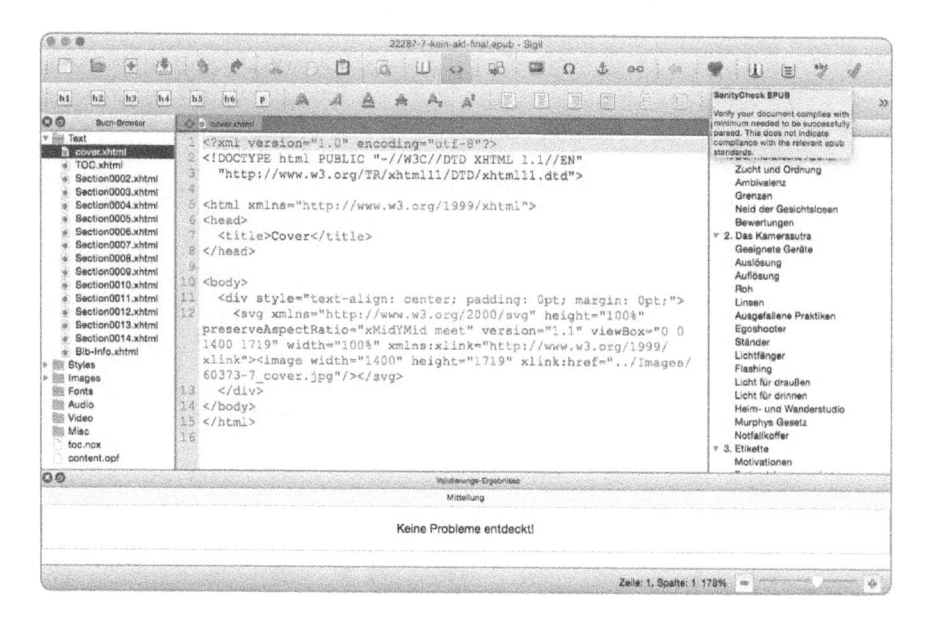

Der *SanityCheck EPUB* von Sigil meldet nach Klick auf den grünen Haken *Keine Probleme entdeckt*.

6.1.2 Validierung eines E-Books mit Calibre

Etwas komplizierter sieht die Sache in Calibre aus. Hier müssen Sie das Buch zunächst in den Editor laden. Dazu gehen Sie auf die Schaltfläche *Buch bearbeiten*.

> **HINWEIS**
>
> Bei kleineren Bildschirmen kann die Schaltfläche verdeckt sein, schauen Sie gegebenenfalls rechts von den sichtbaren Symbolen nach.
>
> Über die Schaltfläche *Buch bearbeiten* wird der Editor geladen.

6 E-Books validieren

In Calibres Editor befinden sich oben zwei Schaltflächen zur Qualitätskontrolle. Der Käfer neben dem Rechtschreibhaken startet die Validierung.

Nach einem Klick auf den Käfer startet Calibre das Validierungsprogramm.

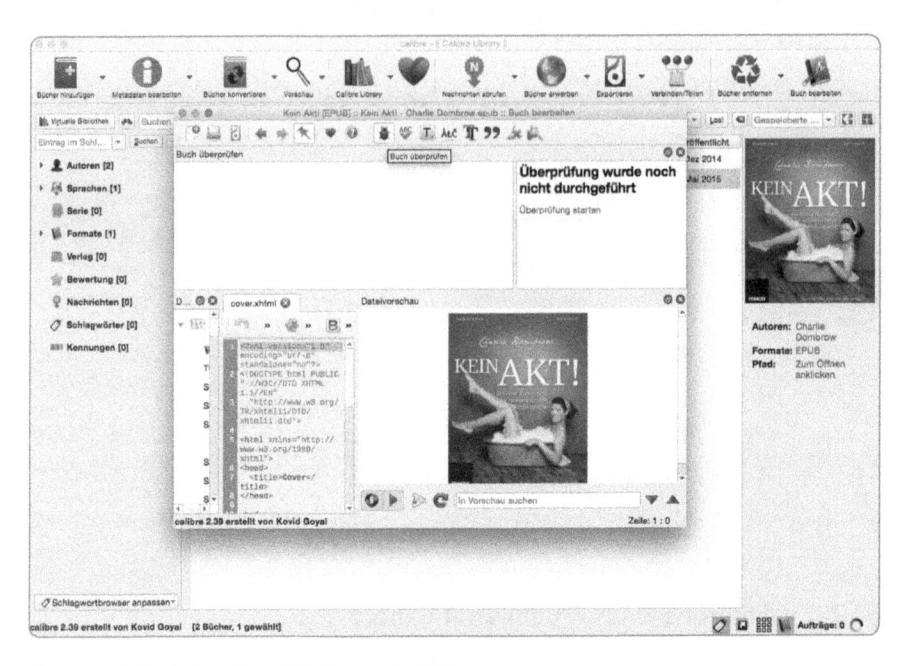

Ein neues E-Book, bereit zur Validierung in Calibre.

UNSICHERHEITSFAKTOREN BEACHTEN

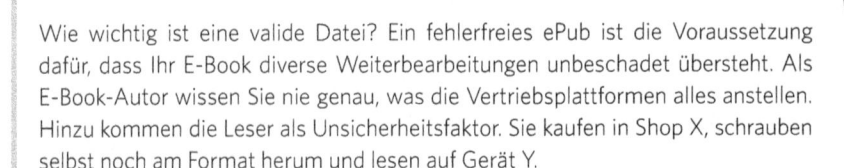

Wie wichtig ist eine valide Datei? Ein fehlerfreies ePub ist die Voraussetzung dafür, dass Ihr E-Book diverse Weiterbearbeitungen unbeschadet übersteht. Als E-Book-Autor wissen Sie nie genau, was die Vertriebsplattformen alles anstellen. Hinzu kommen die Leser als Unsicherheitsfaktor. Sie kaufen in Shop X, schrauben selbst noch am Format herum und lesen auf Gerät Y.

6.2 Externe Validierung

Wenn ein Qualitätsprüfer unvoreingenommen urteilen soll, muss er von einer externen Stelle kommen – wie zum Beispiel der kostenlose *pagina EPUB-Checker*. Das Programm basiert auf den epubcheck-Tools, die vom IDPF herausgegeben werden. Zur Erinnerung: Das International Digital Publishing Forum ist der Gralshüter des ePub-Standards.

6.2.1 pagina EPUB-Checker

Einfach herunterzuladen und zu bedienen ist der EPUB-Checker. Sie müssen das ePub nur auswählen und auf den Validierungsbutton klicken. Downloadseite: *www.pagina-online.de*. Zwei kleine Besonderheiten sind bei der Installation zu beachten.

❶ Das Programm benötigt als Basis eine zusätzliche Software namens *JRE (Java Runtime Environment)*. Möglicherweise müssen Sie JRE nachinstallieren.

❷ Der EPUB-Checker selbst funktioniert ohne Installation, der Download genügt. Sie müssen nur auf das Icon klicken, und schon steht er zu Diensten.

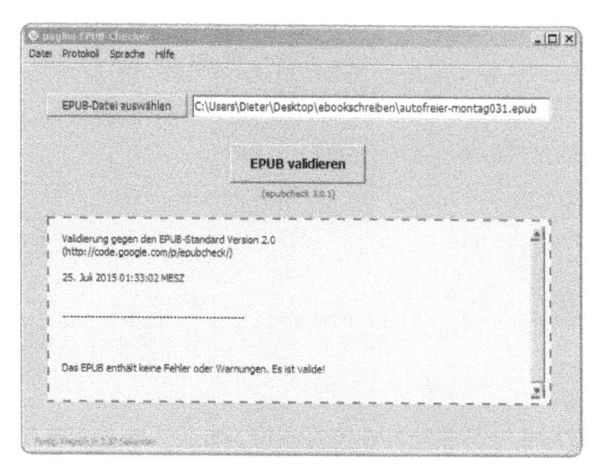

Der EPUB-Checker hat geprüft und keine Fehler oder Warnungen gefunden. So soll es sein!

6 E-Books validieren

6.2.2 EPUB Validator

Sehr bequem ist der *EPUB Validator* zu bedienen. Dieses Programm funktioniert nämlich online. Sie müssen also nichts herunterladen, sondern etwas hochladen, und zwar Ihr ePub. Die Obergrenze liegt bei satten 10 MByte, das dürfte auch von einem längeren Epos nicht so leicht zu knacken sein. Bereitgestellt wird dieser Service vom IDPF. Sie finden das Tool unter der Adresse *validator.idpf.org*.

6.2.3 Kindle Previever

Auf der Amazon-Seite erhältlich ist der nicht eben schlanke *Kindle Previewer*. Rund 180 MByte müssen dafür heruntergeladen werden. Freundlicherweise bietet das Tool aber die Möglichkeit, nicht nur Mobi-Dateien, sondern auch das ePub-Format zu checken.

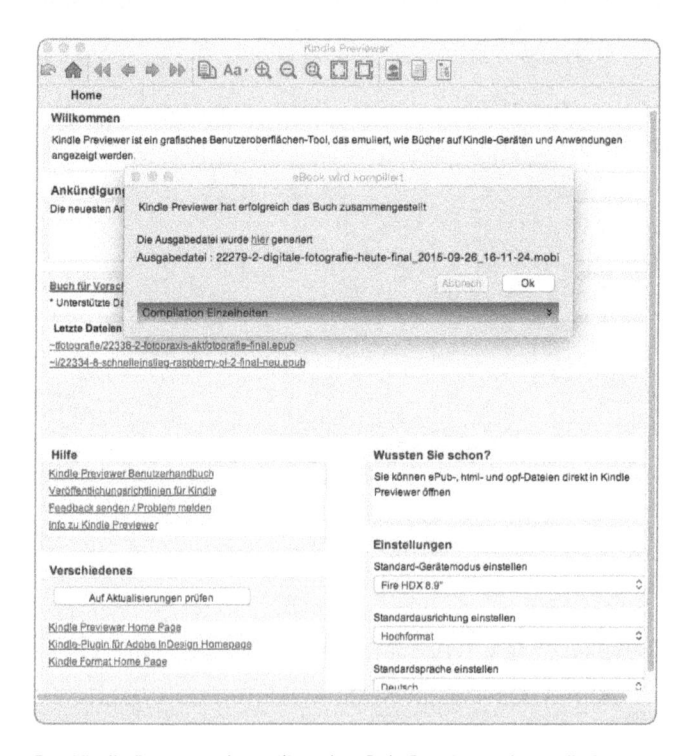

Der Kindle Previewer kompiliert die ePub-Datei mittels KindleGen.

> **HINWEIS**
>
> Das Wort »Validierung« trifft die Sache nicht exakt, denn die Amazon-Standards variieren je nach Kindle-Gerät. Der Kindle Previewer ist eine Emulierungssoftware für diverse Kindle-Typen.

6.3 Software-Qualitätskontrolle

Eine Qualitätskontrolle mit unterschiedlicher Reader-Software kann nicht schaden. Empfehlenswert ist auf jeden Fall *Adobe Digital Editions*, denn dieses Programm stellt die CSS-Formatierungen im Vergleich sehr sauber dar. Wenn also mit ADE etwas nicht so aussieht, wie es soll, wird es mit anderen Systemen nicht unbedingt besser.

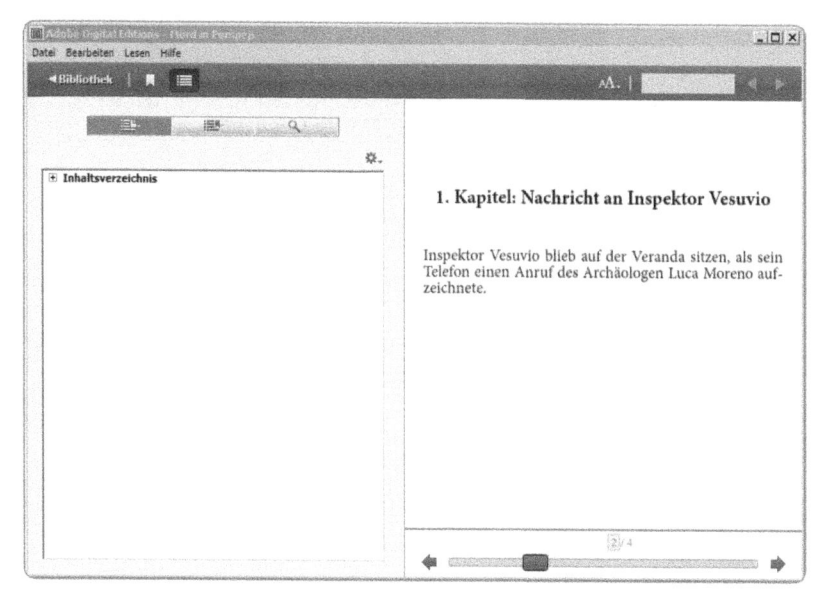

Der Krimi aus Kapitel 3 im Reader Adobe Digital Editions, kurz ADE.

Im Bild sehen Sie den Krimi »Mord in Pompeji« in normaler Schriftgröße. Wenn Sie im Menü *Lesen* auf den Punkt *EPUB-Textgröße* klicken, können Sie die Schriftgröße ändern.

6 E-Books validieren

Nach der Änderung der Schriftgröße wird das E-Book korrekt angezeigt. Es hat also die Software-Qualitätskontrolle bestanden!

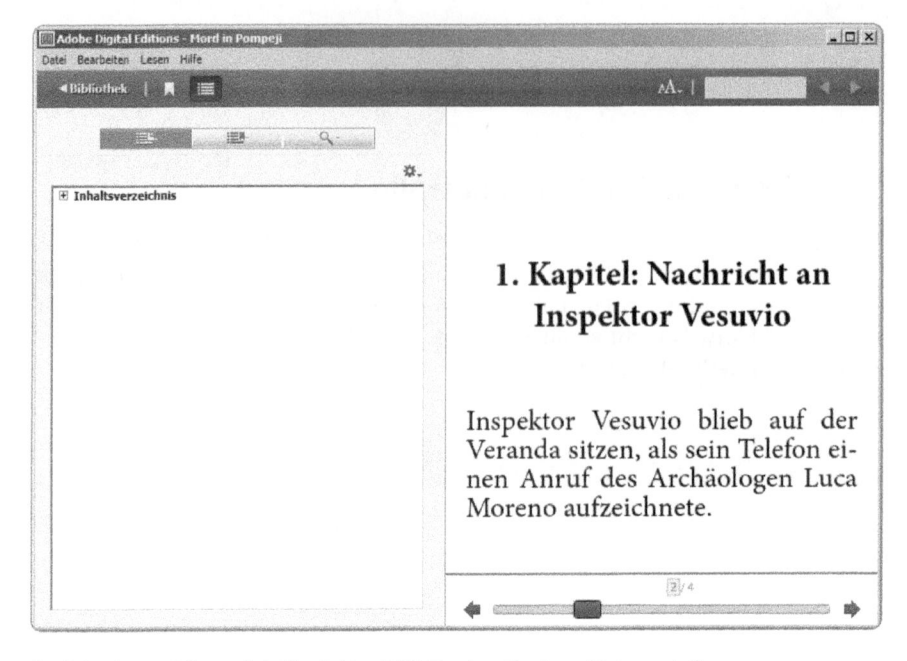

Auch in einer größeren Schrift wird im ADE-Reader alles korrekt dargestellt.

6.4 Hardware-Reader-Check

Sie besitzen einen E-Reader? Falls nicht, leihen Sie sich doch von Bekannten einen aus – oder besser zwei! Der Idealfall wäre:

- Ein Tolino oder Pocketbook, um das ePub-Format zu testen.
- Ein Amazon-Reader, um das Mobi-Format zu testen.

Jetzt wird es etwas paradox: Gerade ein Reader wie der Kindle Paperwhite ist ein gutes Mittel, um E-Books zu checken! Und zwar genau deshalb, weil er ziemlich gnadenlos alles einstampft, was nicht »primitiv genug« formatiert wurde. Mit dieser Methode bringen Sie Ihr E-Book ohne den Umweg über die Cloud auf den Kindle:

1. Reader per USB mit dem Computer verbinden.
2. Im Dateimanager Ihres Computers den Kindle ansteuern.
3. E-Book im Mobi-Format in den *Documents*-Ordner kopieren.
4. Kindle mit dem Computer verbunden lassen, aber im Dateimanager auswerfen.
5. Das Buch auf dem Kindle Paperwhite testen.

7 E-BOOKS VERKAUFEN

Das E-Book hat die Validierung und die Qualitätskontrolle fehlerfrei überstanden? Dann auf zum Verkauf!

7.1 E-Book-Shops

Abgesehen von der eigenen Website gibt es diese Möglichkeiten, ein E-Book zu verkaufen:

- Direkt über einzelne Shops.
- Indirekt über Distributoren, die viele Shops beliefern.

Es lässt sich auch beides mischen. Aber um sich nicht zu verzetteln, sollte man die Eigenheiten der großen Shops kennen. Die bekanntesten heißen Amazon, iBook Store und Google Play Book Store.

7.1.1 Amazon

Die einfachste Möglichkeit, ein E-Book an die Leserschaft zu bringen, bietet zurzeit immer noch Amazon. Anlaufstelle ist das Autorenprogramm *Kindle Direct Publishing*, kurz *KDP*. Wie der Name verrät, zielt dieser Service auf die Veröffentlichung mit den hauseigenen Kindle-Readern. Amazon ist ein geschlossenes System mit allen Vor- und Nachteilen.

Aus der Sicht von Autoren spricht für Amazon:

- Einfaches System.
- Hoher Verbreitungsgrad.
- Keine ISBN erforderlich.
- Diverse Sonderaktionen möglich, um das E-Book schnell bekannt zu machen.

Amazon-Nachteile:

- Amazon-Shop verkauft nicht im ePub-Format.
- Für Bücher unter einem Preis von 2,99 Euro schüttet Amazon nur magere 35 % Tantiemen aus.

Bei der Preisgestaltung muss man als Amazon-Autor aufpassen! Bei einem Buchpreis von 2,99 bis 9,99 Euro erhält der Autor 70 %, sonst nur 35 %. Dazwischen gibt es keine Abstufungen. Die deutsche Konkurrenz hat die Lücke bei sehr billigen E-Books erkannt und schüttet zumeist generell 70 % Tantiemen aus.

> **AMAZON-UPLOADFORMAT**
>
> Obwohl KDP eine Fülle von Formaten für den Upload akzeptiert, sollte man wählerisch sein. Nach dem Hochladen wird alles für die Kindle-Reader zurechtgestutzt. Auch wenn Amazon selbst DOC, DOCX und HTML favorisiert und sogar ePub annimmt – Mobi bleibt das sicherste Format. Völlig abzuraten ist der Upload von PDF-E-Books! Andere Shops lassen PDFs wenigstens so, wie sie angeliefert wurden, Amazon wandelt gnadenlos um – mit unvorhersehbaren Folgen für das Layout.

7.1.2 Kindle Unlimited

Neben dem Verkauf setzt Amazon auf ein anderes Modell, nämlich die E-Book-Flatrate *Kindle Unlimited*. Die Abonnenten dieses Programms bezahlen einen festen Betrag und dürfen sich dann nach Herzenslust durch die E-Books klicken. Amazons Vergütungsmodell für die Autoren sorgte für ziemlichen Wirbel in der Buchbranche. Abgerechnet wird nämlich nach der Anzahl der gelesenen Seiten.

Wenn Sie Ihr Buch für Kindle Unlimited freischalten, müssen Sie den Leser also bei der Stange halten. Blättert der nicht weiter, gibt es auch nichts mehr zu verdienen. Apropos Geld: Über die genaue Höhe schweigt sich Amazon aus, einige Medien haben die Zahl 0,6 US-Cent pro Leser und Seite genannt.

7.1.3 iBook Store

Apple versucht, mit dem *iBook Store* ebenfalls ein geschlossenes System zu etablieren. Allerdings ist der Weg dorthin für Autoren etwas komplizierter. Erst einmal will der Onlineshop gefunden werden, denn im Unterschied zu Amazon stehen bei Apple nicht die Bücher im Vordergrund, sondern die Musik. Der iBook Store ist ein Anhängsel von iTunes, Apples erfolgreichem Musikvertrieb.

7 E-books verkaufen

Um als Autor bei Apple mitzumischen, brauchen Sie zunächst eine Apple-ID. Weiter geht es mit der Anmeldung bei *iTunes Connect*. Hier wird noch einmal nachgefragt, ob Sie Ihr Buch auch wirklich verkaufen und nicht nur verschenken wollen. In den Store gebracht wird das E-Book über die Software *iTunes Producer*. Dabei empfiehlt Apple die Verwendung einer autoreneigenen ISBN, von Apple selbst wird keine vergeben. Und als letzte Hürde heißt es, eine US-Steuernummer zu beantragen.

Im iBook Store kommt es zunächst einmal darauf an, zwischen diesen beiden Formaten zu unterscheiden:

- **iBooks-Format** – Apples Hausformat mit der Endung *.ibooks*.
- **ePub-Format** – Freies Format mit der Endung *.epub*.

Man könnte meinen, dass im iBook Store hauptsächlich Bücher im iBooks-Format verkauft werden, doch dem ist nicht so. Das Hausformat von Apple hat nämlich einen Haken: Produziert werden kann es ausschließlich mit der Software *iBooks Author*, und die wiederum hat es bei den Lizenzbedingungen in sich. Auf der Apple-Site heißt es unmissverständlich zum Gebrauch von iBooks Author:

»Wenn für das Produkt eine Gebühr erhoben wird und es im iBooks-Format vorliegt, darf es nur über den iBooks Store verkauft werden.«

Ausnahmen macht Apple lediglich bei kostenlosen Büchern und beim Verkauf von PDFs.

Fazit für Autoren: Nur in Sonderfällen ist es ratsam, ein E-Book im iBooks-Format zu produzieren oder den Vertrieb ausschließlich Apple anzuvertrauen.

Diese Sonderfälle können sein:

- E-Books mit hohem Bezug zu Apple-Produkten.
- Multimedia-E-Books mit eingebetteten Audio- und Videodateien.

In den meisten anderen Fällen ist es vernünftiger, den iBook Store über Distributoren beliefern zu lassen.

7.1.4 Google Play Book Store

Ähnlich wie bei Apples iBook Store, der hinter iTunes verborgen liegt, muss man sich auch bei Google Play bis zum Book Store durchwühlen. Die Seite für Autoren nennt sich *Partnercenter*. Zum Zeitpunkt der Erstellung dieses Buchs wurden allerdings keine neuen Autoren aufgenommen. Über die Gründe kann nur spekuliert werden, denn Google selbst schweigt sich aus.

Die Szene munkelt, Google habe ein ganz spezielles Problem: dreiste Produktpiraten, die sich unter den Namen von echten Autoren einen Account angelegt haben, um mit Raubkopien abzukassieren. Für die echten Autoren heißt das:

1. Schauen Sie einmal nach, ob Ihre Bücher im Google Play Book Store verkauft werden.

2. Falls das der Fall ist: Überprüfen Sie, ob Sie selbst als Verkäufer auftreten oder ob jemand mit Ihrem Namen Schindluder treibt.

Was wird Google tun, um sich bei den Autoren zu rehabilitieren? Anzunehmen ist, dass die Registrierung im Partnercenter gründlich überarbeitet wird. Von einem alleinigen und direkten Vertrieb über den Google Play Book Store ist zurzeit noch abzuraten.

7.2 Distributoren sparen Arbeit

Distributoren, was soll das sein? Die Abgrenzung zum Shop ist nicht immer ganz einfach, weil beide zunächst einmal E-Books im Internet zum Verkauf anbieten. Ein typischer Distributor liefert Ihr Werk aber nicht nur auf der eigenen Plattform aus, sondern auch bei der Konkurrenz. Sie sparen sich also mit Distributoren viel Verwaltungskram.

Es ist ja doch sehr mühselig, sich bei Dutzenden von Shops zu registrieren, die AGBs zu studieren und das E-Book hochzuladen. Und richtig problematisch wird es, wenn Sie nach dem Hochladen Ihres Romans einige Tippfehler ausbessern möchten. Das Hochladen einer korrigierten Version müssen Sie mühselig für jeden einzelnen Shop von Hand vornehmen.

7.2.1 Distributor-ISBNs nutzen

Und dann ist da noch die Sache mit den ISBNs. Sie sind bei einigen Distributoren kostenlos oder sehr günstig zu erhalten. Zur Erinnerung: Identische E-Books dürfen nur eine einzige ISBN besitzen. Dabei sehen es viele Distributoren nicht gern bzw. schließen es in den AGBs sogar aus, dass Autoren mit den erhaltenen ISBNs fremdgehen, sie also in anderen Shops verwenden. Auf der sicheren Seite sind Sie mit einem Distributor, der die von ihm vergebene ISBN an alle angeschlossenen Shops weiterleitet.

7.2.2 Distributoren treten als Verlage auf

Wie die klassischen Verlage spielen die Distributoren zunehmend eine Rolle als Vermittler zwischen Autor und Shop. Als Serviceleistungen bieten die meisten an:

- Verteilung in möglichst viele Shops.
- Kostenlose oder günstige ISBNs.
- Abgabe von Pflichtexemplaren an die Deutsche Nationalbibliothek.
- Abrechnung der Tantiemen.
- Technische Hilfeseiten, Mail- und Telefonsupport.

Einige Distributoren wandeln auch Formate um, darauf verlassen sollte man sich aber besser nicht. Sicherer ist es, selbst eine ePub-Datei zu erstellen.

Im Gegenzug knöpfen die Distributoren einen Anteil vom Verkauf des Buchs ab. Dieser geht dem Autor zusätzlich zu dem verloren, was der Shop abzieht. Der Amazon-Shop schüttet bei einem Verkaufspreis zwischen 2,99 und 9,99 Euro 70 % aus. Verlangt auch ein vorgeschalteter Distributor 70 %, bleiben für den Autor nur 70 % von 70 %. Nach Adam Riese sind das 49 %!

7.2.3 Tolino als Distributor

Mit dem Namen Tolino ist nicht nur die gleichnamige Reader-Familie verbunden, sondern auch die 2015 gestartete Distributionsplattform *Tolino Media*. Man hat von Amazon gelernt, wie eine erfolgreiche Verwertungskette aussehen kann. Inzwischen gibt es nicht wenige Autoren, die ihre Bücher »für Amazon und Tolino« anbieten. Tolino liefert an zahlreiche Shops aus und stellt eine kostenlose ISBN zur Verfügung.

Die jüngste Erweiterung von Tolinos Autorenprogramm nennt sich *Tolino Media Services*. Hier können Autoren aus einem reichhaltigen kostenpflichtigen Angebot schöpfen – von der Covergestaltung bis zum Lektorat.

7.2.4 Neobooks

Der Distributor *Neobooks* liefert an über 300 Onlinebuchhändler aus und kooperiert mit den Publikumsverlagen Droemer Knaur und Rowohlt. Hier bietet sich also die Chance, als E-Book-Autor zu starten und entdeckt zu werden. Der

Upload funktioniert in Word und ePub. Auch Neobooks stellt eine kostenlose ISBN zur Verfügung. Bei der Auswahl der Shops bietet Neobooks eine hohe Flexibilität. Amazon, Tolino und die E-Book-Flatrate Skoobe können wahlweise integriert oder ausgeschlossen werden.

7.2.5 Bookrix

Die schon etwas länger etablierte Plattform *Bookrix* beliefert über 60 Onlinestores. Sie wird seit 2014 vom Verlag Bastei Lübbe betrieben. Nicht nur bei den Konditionen, sondern auch in der Firmenphilosophie sind sich Bookrix und Neobooks ziemlich ähnlich: Erfolgreiche E-Books haben die Chance auf eine Verlagsveröffentlichung als Printbuch. Um den Nachwuchs zu fördern, veranstaltet Bookrix auch Autorenwettbewerbe.

7.2.6 Bookmundo

Bookmundo heißt der jüngste Spross der Self-Publishing-Plattformen. Das Autorenprogramm der Mayer'schen Buchhandlung hat erst im August 2015 das Licht der Welt erblickt. Für Autoren steht ein umfangreiches Serviceangebot zur Verfügung. Eine ISBN kann für 12,75 Euro beantragt werden. Auf der Bookmundo-Website gibt man sich über die angeschlossenen Shops etwas bedeckt. Ausgeliefert wird aber an alle relevanten Onlineshops in Deutschland, einschließlich Amazon, Thalia, der Mayer'schen selbst und Osiander.

7.3 Thema Kopierschutz

Das Kürzel *DRM* steht für *Digital Rights Management*, im Volksmund auch Kopierschutz genannt. Worum geht es dabei? Im Gegensatz zum gedruckten Buch darf ein E-Book nicht einfach weitergegeben werden. Um der illegalen Verbreitung einen Riegel vorzuschieben, setzen Verlage und Vertriebsplattformen unterschiedliche technische Methoden ein.

7.3.1 Hard-DRM

Außerhalb von Amazon und Apple ist das Adobe-DRM (auch Hard-DRM) am weitesten verbreitet. Alle gängigen E-Reader wie Tolino, Pocketbook und Kobo unterstützen dieses System. »Hart« ist dieses DRM aber nicht nur, weil es die Anzeige eines E-Books auf unlizenzierten Readern verhindert. Auch die Lizenzierungsbürokratie ist nichts für Weicheier.

Zunächst muss der Leser auf der Webseite der Firma Adobe einen Account anlegen. Dort erhält er eine persönliche Registriernummer, die Adobe-ID. Diese trägt er im E-Reader bzw. einer Lesesoftware wie *Adobe Digital Editions* (*ADE*) ein. Nach dem Kauf eines geschützten ePubs wird zuerst eine ACSM-Datei heruntergeladen, anschließend wird mit einem Klick auf diese das eigentliche E-Book übertragen.

Fazit: Hard-DRM ist so sexy wie das Kleingedruckte eines Beipackzettels für Fußpilzsalben.

7.3.2 Soft-DRM

Das komplexe Adobe-Prozedere treibt die Leser scharenweise in die Arme von Amazon. Weil der Kindle-Reader schon beim Kauf im Amazon-Shop mit einem bestehenden Benutzerkonto verknüpft wird, entfällt der Autorisierungsprozess. Dem deutschen Buchhandel ist das natürlich ein Dorn im Auge. Aber es gibt ja eine Alternative, und die heißt Soft-DRM. Bei dieser Methode verbergen sich innerhalb des E-Books Wasserzeichen, mit deren Hilfe die Verbreitung eines E-Books überwacht werden kann. Soft-DRM verhindert im Gegensatz zum Hard-DRM aber nicht das Lesen eines illegal kopierten E-Books.

Aktuelle Situation: Die Hard-DRM-Bastionen kippen wie eine Dominoreihe. Noch bis Frühjahr 2015 waren die meisten E-Books mit Hard-DRM versehen, doch immer länger wird die Liste der Verlage, die auf Wasserzeichen umstellen.

7.3.3 Kein DRM

Diese Methode vertraut ganz auf die Ehrlichkeit der Kunden, denn ungeschützte ePubs und andere Formate ohne DRM können uneingeschränkt gelesen werden – und auch weitergegeben werden. Dies ist zwar illegal, eine Verfolgung des Verbreitungswegs ist aber nicht möglich. Ausschließlich Bücher ohne Kopierschutz verkauft die Plattform *Beam-E-Books*.

7.3.4 Amazon und Apple

Die geschlossenen Systeme von Amazon und Apple setzen auf eine Einheit von Shop, Lesegerät und DRM. Geschützte E-Books aus dem Amazon-Shop sind leicht am Format AZW erkennbar. Sie lassen sich nur auf Kindle-Geräten oder mit Kindle-Apps lesen. Schwieriger ist die Identifikation geschützter Werke in Apples iBook Store.

Dort finden Sie nämlich dreierlei Formate:

- Bücher im iBooks-Format, die sich generell nur auf iOS-Geräten lesen lassen.
- Bücher im ePub-Format, die mit einem eigenen Apple-Kopierschutz ausgestattet sind.
- Bücher im ePub-Format ohne Kopierschutz.

7.3.5 Kopierschutz aus Autorensicht

Wie sollten Autor und Self-Publisher mit dem Thema DRM umgehen? Zunächst ein Hinweis zur Technik: Otto Normalautor hat gar nicht die Möglichkeit, selbst einen Kopierschutz in sein E-Book einzufügen. Sie müssen also nicht irgendwo in Sigil oder Calibre nach einem DRM-Button suchen. Kopierschutz ist Aufgabe Ihrer Vertriebsplattform, wird also – wenn überhaupt – nach dem Upload erledigt!

Falls Ihre Plattform eine Auswahlmöglichkeit anbietet, will die Entscheidung gut überlegt sein. Natürlich ist es ärgerlich, wenn ein E-Book illegal weitergegeben wird. Auf der anderen Seite verkomplizieren Sie mit dem Einsatz von Hard-DRM den Kaufvorgang und handeln sich eventuell Ärger und negative Rezensionen ein, wenn das E-Book auf bestimmten Geräten nicht angezeigt werden kann. Ein guter Kompromiss, gerade für noch unbekannte Autoren, ist die Verwendung von Soft-DRM.

7.4 Zur Preisgestaltung

Zur Erinnerung: Die Buchpreisbindung gilt auch für E-Books. In allen Shops muss das Buch gleich viel kosten. Aber wie viel? Ein Ramschpreis geht gegen die Autorenehre. Zu billig sollten Sie es nicht verkaufen, denn es steckt ja erstens eine Menge Arbeit dahinter, und zweitens könnte beim Leser der Verdacht aufkommen, dass ihn der Inhalt nicht vom Hocker reißt.

7.4.1 Amazons Preisschwelle

2,99 Euro! Diese Untergrenze wurde von Amazon in das Preisbewusstsein des Lesers gehämmert. Wer als Autor weniger verlangt, erhält beim Handelsriesen nämlich nicht die üblichen 70 %, sondern wird mit 35 % abgespeist. Die Frage ist natürlich immer, was der Leser zu zahlen bereit ist. 3,99 Euro oder

5,99 Euro sind für einen dicken Fantasyroman oder ein Fachbuch in Ordnung, aber ein unbekannter Autor auf dem Krimimarkt sollte eher defensiv kalkulieren.

Übrigens: An Preise mit 99 Cent am Ende hat sich der Leser gewöhnt. Man sollte hier auf Experimente verzichten. 3,25 Euro sehen nach Tippfehler aus und schrecken vom Kauf ab. Lieber billige 2,99 Euro oder gleich beherzte 3,99 Euro.

7.4.2 Distributor im Auge haben

Vorsicht beim Jonglieren mit Distributoren und Shops. Ein Beispiel: Beim Distributor Tolino Media erhält man Tantiemen von 70 %, auch für Bücher mit einem Preis von 1,99 Euro (Stand September 2015). Wer aber parallel bei Amazon verkauft, hat sich ins Knie geschossen, weil er dort den gleichen Preis verlangen muss und nur 35 % erhält.

Unabhängig von der Preishöhe führt auch die folgende Methode in die Irre: bei Amazons *KDP Select* anmelden und parallel in anderen Shops verkaufen. KDP Select duldet nämlich keinen anderen Shop neben sich! Sie können aber Ihr Buch zunächst für KDP Select zur Verfügung stellen, um anschließend im regulären Amazon-Shop und anderswo parallel zu verkaufen.

Fazit: Erst über den Vertriebsweg Gedanken machen, dann Preise festlegen!

7.5 Strategien für den Verkauf

Um Ruhm zu ernten, marschieren ja viele Romanhelden auf gut Glück in die Welt hinaus. Für ihre Schöpfer empfiehlt sich diese Methode allerdings nicht. Zu groß ist die Gefahr, sich hoffnungslos zu verzetteln. Wer als Self-Publisher den Überblick behalten möchte, kommt um eine Strategie nicht herum.

7.5.1 Einen einzelnen Shop nutzen

Soll ein E-Book nur über einen einzigen Shop vertrieben werden, muss alles zusammenpassen: Buch, Genre und die dortige Kundschaft. Wenn die Sache funktioniert, winken maximale Margen bei überschaubarem Aufwand.

7.5.2 Amazon als alleinige Plattform

Auch wenn die Konkurrenz so langsam aufwacht, bietet das geschlossene Amazon-System immer noch eine sehr gute Möglichkeit, ein E-Book an die Kundschaft zu bringen. Die breite Masse kauft hier ein und empfiehlt weiter. Wer nur einen einzigen Shop beliefern möchte, fährt mit Amazon am besten.

7.5.3 Apple als alleinige Plattform

Der alleinige Verkauf im iBook Store ergibt vor allem dann Sinn, wenn Sie ein für dieses spezielle Segment zugeschnittenes E-Book produziert haben, zum Beispiel ein Buch über den Mac, das iPad oder Apples Betriebssysteme OS X und iOS. Weitere Genres sind hochwertige Sachbücher über Design, Fotografie, Architektur oder Kunst. Für einen Krimi oder einen Roman eignen sich andere Plattformen besser.

7.5.4 Einen kleineren Shop nutzen

Dabei kommt es darauf an, zu welchem Genre Ihr Buch gehört. Es gibt kleinere Shops, die bei einem Spezialpublikum besonders beliebt sind. Einen Namen in der E-Book-Szene hat sich zum Beispiel *Beam-E-Books* gemacht, weil dort E-Books schon immer ohne Hard-DRM ausgeliefert werden. Bevorzugte Genres sind Science-Fiction und IT-Fachliteratur.

7.5.5 Einen einzelnen Distributor nutzen

Mehr Kundschaft als mit einem einzelnen Shop erreichen Sie mit einem Distributor – und das auf unkomplizierte Weise. Inzwischen beliefern nicht wenige Distributoren sogar die Konkurrenz von Amazon. Allerdings müssen Sie für diesen Service auch doppelt bezahlen. Wenn Sie bei einem Distributor einen bestimmten Prozentsatz des Erlöses erhalten, heißt das ja nicht, dass die belieferten Shops deshalb ihre Arbeit kostenlos verrichten.

Zur Erinnerung: Wenn der Shop 70 % Tantiemen ausschüttet und ebenso der Zwischenhändler, erhalten Sie als Autor 49 %. Trotzdem ist dieses Vorgehen effektiver, als ein Dutzend einzelner Shops zu beliefern, und zwar aus folgenden Gründen:

7 E-books verkaufen

- Mit jedem weiteren Shop ist Arbeit verbunden: Account anlegen, AGBs lesen, sich durch Uploadanweisungen wühlen. Leicht verzettelt man sich dabei.
- Nachträglich einen Rechtschreibfehler zu verbessern, gerät schnell zu einer Mammutaufgabe, wenn man das in jedem Shop per Hand erledigen muss.
- Die meisten Distributoren bieten eine übersichtliche und zentrale Statistik, in der man die Zahlen seiner verkauften Bücher aufgeschlüsselt nach Shops verfolgen kann. Das ist übersichtlicher, als sich durch eine Vielzahl einzelner Statistiken zu klicken.

7.5.6 Mischung von Einzelshops und Distributoren

Mehrere Distributoren zu mischen ist keine gute Idee, schon wegen der ISBN-Problematik. Wenn Sie mit einer von Tolino Media erhaltenen ISBN bei Bookrix verkaufen möchten, erleiden Sie Schiffbruch. Bookrix und andere akzeptieren keine fremden ISBNs. Was funktioniert, ist die intelligente Kombination von Distributor und ausgewählten Shops. Sie können einen Distributor für alle Shops außer Amazon verwenden und Amazon parallel dazu selbst beliefern. Und Sie dürfen Ihr Buch auch auf der eigenen Website anbieten.

7.6 Ein eigener Webshop?

Das Content-Management-System (CMS) *WordPress* hat sich mittlerweile zur Universallösung für Websites aller Art entwickelt. Vielleicht haben Sie schon etwas Erfahrung im Umgang mit WordPress oder etwas Zeit für die Einarbeitung? Eine praxisorientierte Einführung ohne Fachchinesisch erhalten Sie im Buch »Schnelleinstieg WordPress« (Franzis Verlag 2015). Vorsicht, Schleichwerbung? Nein, es stammt vom selben Autor wie dieses Buch, das Sie jetzt schon fast bis zum Ende durchgehalten haben.

7.6.1 Webshop-Plug-ins

Keine Sorge, Programmierkenntnisse sind nicht nötig, um einen eigenen E-Book-Shop auf WordPress-Basis umzusetzen. Dafür gibt es ja Plug-ins. Führend ist *WooCommerce*, das in der Basisversion kostenlos erhältlich ist. Auf technischer Ebene ist ein Shop damit schnell erstellt. Anders sieht es in rechtlicher Hinsicht aus, denn die deutschen Gesetze sind kompliziert. Um einen rechtssicheren Shop für Deutschland und Österreich zu betreiben, können Sie entweder die Texte selbst anpassen oder auf die kostenpflichtige Erweiterung *WooCommerce German Market* zurückgreifen.

Eine Alternative zu WooCommerce bietet *WpShopGermany*. Dieses Plug-in wurde, wie der Name verrät, speziell für die deutsche Rechtslage konzipiert. Der Hersteller bietet verschiedene Versionen an, preislich abgestuft nach Anzahl der Features.

DIE THEME-AUSWAHL

WordPress-Themes sind nicht nur für die Optik einer Website wichtig, sie beeinflussen auch die Funktion. Sie sollten mit Bedacht auswählen, denn nicht jedes Theme ist für den Einsatz in einem Shop-Plug-in geeignet. Geben Sie deshalb schon bei der Theme-Suche Begriffe wie »Shop« oder »WooCommerce« in die Suchmaske ein.

7.7 E-Book-Marketing online

In manchen Dingen unterscheidet sich ein Internetshop nicht vom Laden um die Ecke. Je besser ein Buch präsentiert wird, umso höher werden die Verkaufszahlen. Spazieren Sie einmal zu Ihrem Lieblingsbuchhändler, atmen Sie tief durch und absolvieren Sie die folgenden drei Übungen:

1. Betrachten Sie das Schaufenster. Da werden die Neuigkeiten präsentiert. An der Ladentür sticht ein großes Plakat für eine Autorenlesung ins Auge. Der Kunde sieht schon von Weitem, dass etwas Besonderes geboten wird.

2. Betreten Sie den Laden: Lassen Sie kurz den inneren Militaristen raus. Denken Sie wie ein General! Es gibt verschiedene Abteilungen. Belletristik, Kinderbuchabteilung, Sachbuchabteilung. In jeder Abteilung finden Sie in Reih und Glied beschriftete Regale. In der Belletristik steht ein Regal für Romane, eines für Science-Fiction und eines für Fantasy. Vor den Regalen stehen Sondertische mit aufgestapelten Bestsellern. Und dann sind da noch Ramschtische im Keller oder vor der Kundentoilette.

3. Sprechen Sie eine Verkäuferin an. Keine Angst, sie beißt nicht, kennt sich in ihrer Materie aus und empfiehlt Ihnen gern guten Lesestoff.

Alle Übungen gemeistert? Dann übertragen Sie das Prinzip auf Ihr Internetmarketing.

7.7.1 Präsentation auf den Verkaufsplattformen

Los geht es bei der Präsentation auf den Verkaufsplattformen. Es ist schon einmal gut, wenn Sie das Cover so gestaltet haben, dass es auch auf kleineren Bildschirmen Wirkung entfaltet. Der neugierige Leser möchte sicher gern etwas über den Autor wissen. Ein bisschen Starkult kann da nicht schaden. Wenn Sie sich persönlich unsicher fühlen, schreiben Sie einfach unter Pseudonym.

Geben Sie sich auf jeden Fall eine interessante Autorenbiografie. Auf gar keinen Fall erwähnen: den kreativen Schreibkurs an der Volkshochschule. Das Publikum mag keine Streber! Geeignet ist, was die Neugier weckt und zu Ihnen und zum Thema des Buchs passt. Sie haben Archäologie studiert? Das ist sehr interessant, wenn Sie einen historischen Roman geschrieben haben. Für ein Sachbuch über Motorräder ist das aber nicht unbedingt verkaufsfördernd. Ein Foto des Autors ist Geschmackssache. Wenn Sie sich trauen, dann ja!

7.7.2 Die Macht der Schlagwörter

Damit Ihr Buch gefunden werden kann, müssen Sie die richtigen Schlagwörter zuweisen. Das Prinzip funktioniert bei allen Shops und Distributoren gleich. Nach dem Upload des E-Books dürfen Sie per Hand in ein Eingabefeld eine vorgegebene Anzahl von Schlagwörtern tippen. Es ist zumeist möglich, mehrere Wörter zu kombinieren.

Beispiel: Ihr Liebesroman spielt in der Tangoszene von Buenos Aires? Dann verwenden Sie natürlich Schlagwörter wie Roman, Liebesroman, Tango, Tango Argentino und Buenos Aires. Vorsicht: Buenos Aires muss zwingend als ein einziges Schlagwort eingetragen werden, denn die Einzelwörter Buenos und Aires sind irrelevant! Achten Sie auf Hinweise dazu, wie Schlagwörter getrennt werden! Gängig ist die Trennung per Komma. Mit dieser Methode geht Ihr E-Book nicht in der Masse unter:

- Zwei bis drei allgemeine Genrebegriffe nutzen, zum Beispiel Roman, Liebesroman, Lateinamerika. Das Buch muss ja erst einmal grob einsortiert werden. Ein Wort wie Belletristik brauchen Sie dabei nicht zu verwenden. Romane werden sowieso der Belletristik zugeordnet, und der Leser sucht nicht nach solchen Buchhändlerbegriffen.

- Die Masse der übrigen Schlagwörter sollte aussagekräftig sein und etwas mehr ins Detail gehen. Geeignete Kandidaten: Tango, Tango Argentino, Buenos Aires, Favela, Argentinien.

- Ein oder zwei exotischere Schlagwörter können dabei sein. Diese Schlagwörter werden zwar selten gesucht, doch Sie haben weniger Konkurrenz: Milonga, Tango Nuevo.
- Die maximal mögliche Anzahl von Schlagwörtern ausnutzen. Bei Tolino Media sind zehn Schlagwörter möglich, verschenken Sie nichts!
- Tippfehler unbedingt vermeiden.
- Groß- und Kleinschreibung ganz normal: Geben Sie Tango ein, nicht tango.
- Umlaute werden wie im Duden geschrieben. Geben Sie Küstenstadt ein, nicht Kuestenstadt.

7.7.3 Kategorien und Beschreibungen

Schöpfen Sie aus, was die Verkaufsplattformen an Möglichkeiten bieten! Dazu zählen Kategorien ebenso wie optionale Angaben zu Untertiteln oder der Name einer Buchserie.

Je präziser Ihre Angaben sind, desto besser – zum Beispiel: Kinder- und Jugendbücher. Das versunkene Schloss. Der 3. Teil der Lissi-und-Ben-Geschichte. Ein Jugendkrimi für Jungen und Mädchen ab 14 Jahren.

7.7.4 Autorenseite auf der Verkaufsplattform

Viele Plattformen bieten die Möglichkeit, eine eigene Autorenseite einzurichten, und so ein Angebot sollten Sie auch nutzen. Auf Amazon finden Sie den Zugang zu Ihrer Seite unter der Adresse *www.authorcentral.amazon.com*. Die Möglichkeiten sind vielfältig:

- Biografie.
- Bis zu sechs Bilder (Mindestgröße 300 x 300 Pixel).
- Einbindung eines YouTube-Kanals oder einer Twitter-Timeline.
- Veranstaltungshinweise.

Perfekt verbindet Amazon, was zusammengehört, nämlich Buch, Rezensionen und Autorenseite. Wer sein Buch auf Amazon verkauft, sollte diese Marketingchance auf jeden Fall nutzen.

7.7.5 Eigene Website und Social Media

Mit WordPress ist eine eigene Website schnell aufgesetzt. Sie haben keine Vorkenntnisse? Dann gehen Sie auf *www.wordpress.com* und reservieren sich dort eine Adresse mit Ihrem Autorennamen oder Ihrem Buchtitel. Falls Sie eine Serie schreiben, bietet sich auch ein Serienname an.

Sie erhalten dann unter dem Dach von WordPress eine kostenlose Subdomain, zum Beispiel: *www.inspektor-syrakus.wordpress.com*. Wenn Sie schon etwas mehr Erfahrung besitzen, sichern Sie sich am besten einen eigenen Webspace, zum Beispiel für *www.inspektor-syrakus.de*. Mit dieser Lösung haben Sie die besten Möglichkeiten, Ihr E-Book zu vermarkten – bis hin zur Installation eines eigenen Webshops.

Ein guter Weg, Besucher auf die eigene Site zu bringen, ist die Verknüpfung mit den Social-Media-Diensten. Am wichtigsten sind Facebook und Twitter. Ratsam ist es, schon einige Monate vor der Veröffentlichung den Account aufzubauen, um neue Follower zu gewinnen.

WERBUNG IM E-BOOK SELBST

Sehr vorsichtig sollte man mit Werbung im Buch selbst sein. Viele Distributoren sehen Werbelinks im E-Book nämlich mit Skepsis, vor allem wenn sie zu konkurrierenden Angeboten führen. Wenn Sie in Ihrem E-Book zur eigenen Autorenseite verlinken, ist das noch unproblematisch. Die rote Linie überschreiten Sie aber mit Sicherheit, wenn dort ein eigener E-Book-Shop angeschlossen ist.

7.7.6 Buch-Trailer

Zu den besonders effektiven Marketingmethoden zählt der Buch-Trailer. Dank YouTube lässt sich ein Appetithäppchen zum E-Book vor einem Millionenpublikum verbreiten. Allerdings ist der Aufwand zur Erstellung nicht gerade gering. Schade, wenn der Clip zum Flop wird.

Wichtige Trailer-Regeln:

- Fassen Sie sich kurz. Lange Trailer werden auf YouTube viel seltener angesehen und noch viel seltener verbreitet. Ein knackiger Trailer schafft dagegen auch den Weg zu Facebook und Twitter, um sich dann viral zu verbreiten. Die maximale Länge für einen Buch-Trailer sind 90 Sekunden, ideal sind 45 bis 60 Sekunden!

- Werden Sie emotional. Ein Buch-Trailer ist ein Werbeclip, und die Werbung arbeitet mit Emotionen wie Liebe, Hass, Wut, Freude und Verzweiflung.

- Wecken Sie die Neugier. Ein Werbeclip ist kein Schulungsvortrag. Es geht nicht darum, möglichst viele Inhalte zu präsentieren. Wer zu viele Details ausplaudert, zerstört das »Kopfkino«. Wichtig ist es, die Fantasie des Betrachters zu beflügeln.

- Begrenzen Sie die Optik. Die Bildersprache muss einheitlich sein. Meistens genügt es, eine einzige Szenerie darzustellen. Ein Kerker und ein Brief vermitteln das perfekte Flair für einen Ritterroman. Ja, man kann auch eine Kutschfahrt anhängen – muss es aber nicht. Wichtig ist die atmosphärische Dichte. Sie darf nicht durch zu viele Szenen und Effekte verloren gehen.

- Machen Sie sich nicht lächerlich. Populäre Videoeditoren bieten eine Fülle verschiedener Szenenübergänge. Damit langweilen Millionen Amateurfilmer ihr Wohnzimmerpublikum. Je mehr verwendet werden, desto unprofessioneller ist der Clip.

- Infos gehören in den Abspann. Sie haben eine Autorenseite oder eine Seite zum Buch erstellt? Dann blenden Sie die passende URL in den letzten zehn Sekunden des Clips ein. Was außerdem in den Abspann gehört, sind das Buchcover und die bekanntesten Shops, in denen das Buch gelistet ist. Beispiel: »Jetzt in allen Onlineshops erhältlich: Amazon, Hugendubel, Thalia, Ciando«. Dann weiß der Leser, was er zu tun hat!

- Urheberrecht beachten. Der Buch-Trailer darf nicht ohne Vertrag mit einer zuständigen Verwertungsgesellschaft mit der Lieblingsmusik hinterlegt werden. Auch beim Bildmaterial gilt es, die Urheberrechte zu wahren. Bei der Verwendung von lizenziertem Material (zum Beispiel von Fotolia) darauf achten, an welcher Stelle die Kennzeichnung der Urheber eingefügt werden muss.

7.7.7 Die Bloggerszene

Nicht zu unterschätzen ist die deutschsprachige Buchbloggerszene, hier ist etwas sehr Wertvolles zu gewinnen: Rezensionen! Die Empfehlung eines anderen wird vom Publikum positiver aufgenommen als Eigenlob. Beim Herantasten an die Blogger, meist sind es Bloggerinnen, ist allerdings Fingerspitzengefühl notwendig. Wer dank einer gewissen Popularität wöchentlich mehrere Anfragen für Rezensionen erhält, reagiert allergisch auf die Holzhammermethode.

Zuerst sollten Sie sich auf dem betreffenden Blog ein wenig umsehen. Passt das Genre, und ist Ihnen der Schreibstil generell sympathisch? Dann fassen Sie sich ein Herz und stellen eine freundliche Anfrage, ob die Betreiberin das Buch rezensieren möchte.

Außerdem gibt es ein paar Blogs, die mit speziellen Aktionen auf sich aufmerksam machen.

- Auf dem Blog *Wortwucher* können Autoren in der Kategorie *Soapbox* Ihr Buch selbst vorstellen.
- Das Blog *Wildbookheart* hat die Aktion *Indies auf Wanderschaft* ins Leben gerufen.
- Das *Büchernest* bietet mit der Aktion *Rattenfänger zu Gast* ein spezielles Forum.

7.7.8 Blogtouren

Der letzte Hype sind Blogtouren – virtuelle Buchtourneen. Dabei wird ein E-Book an rund fünf bis sieben Tagen hintereinander auf verschiedenen Blogs präsentiert. An jedem Tag steht ein anderes Thema im Fokus. Am ersten Tag könnte dies der Protagonist eines Romans sein, am zweiten Tag der Schauplatz, am dritten Tag der Autor usw. Weil es ziemlich aufwendig ist, so eine Tour zu organisieren, bieten spezialisierte Buchmarketingagenturen diesen Service an. Wer sich in Eigenregie an eine Blogtour wagt, sollte zumindest ein bisschen Erfahrung mit Rezensionen, Interviews und Gastartikeln mitbringen.

7.8 E-Book-Marketing offline

Ein E-Book muss nicht ausschließlich im Internet beworben werden. Buchmarketing findet auch draußen im wahren Leben statt. Zum Standard gehören Lesungen, Präsentationen und Pressearbeit. Ein offenes Ohr haben Medien und Veranstalter besonders für Bücher mit lokalem oder regionalem Bezug.

Beispiele für geeignete E-Books:

- Regionalkrimi oder historischer Roman mit lokalem Bezug (Schauplätze und Personen).
- Kochbuch mit Spezialitäten aus der Region.
- Sachbuch zur Heimatgeschichte.
- Bücher mit regionaltypischem Humor.

7.8.1 Lesungen und Veranstaltungen

Für eine Lesung können Sie natürlich einen Saal mieten, aber das ist ziemlich teuer und garantiert keine Zuhörerschaft. Besser ist es, sich an Veranstaltungen zu beteiligen, sich irgendwo einzuklinken. Ansprechpartner sind Autorenvereinigungen vor Ort und andere Träger wie Buchhandlungen, Bibliotheken und kulturelle Organisationen. Forschen Sie einfach einmal nach, welche Leute in Ihrer Region Lesefestivals und Events organisieren. Ideal ist es, wenn das Thema Ihres Buchs mit dem Event auf einer Wellenlänge liegt.

Wenn Sie den Nerv einer Veranstaltung genau treffen, dürfen Sie sich auch auf die Reise begeben. Sie haben einen Steampunk-Roman geschrieben? Dann googeln Sie nach der nächsten Steampunk-Convention. Wenn sich dagegen Zombies und Untote in Ihrer Geschichte tummeln, ist das Wave-Gothik-Treffen in Leipzig der ideale Ort. Dort geben sich einmal im Jahr nicht nur Bands, sondern auch Literaten ein düsteres Stelldichein.

7.8.2 Presse- und Öffentlichkeitsarbeit

Sie müssen ein bisschen Wirbel machen, bevor die lokale Presse über Ihr Buch berichtet. Die Beteiligung an Veranstaltungen ist auf jeden Fall ein guter Einstieg. Am besten versorgen Sie die Kulturredaktion der lokalen Presse (Zeitung, Stadt- und Veranstaltungsmagazine) einige Wochen vor dem Event per E-Mail mit kurzen Informationen zu Ihrem Auftritt und stellen auch geeignetes Bildmaterial zur Verfügung!

Der Text sollte knackig formuliert sein, Bilder in druckfähiger Auflösung beiliegen. Empfehlenswert sind 300 dpi. Je »mundgerechter« Sie das Ganze servieren, desto größer sind die Chancen auf Veröffentlichung. Manchmal haben die Zeitungen nämlich noch etwas Platz zu füllen, und dann greifen sie gern auf fertige Artikel zurück.

Checkliste für den Pressetext:

- Zuständigen Redakteur ausfindig machen.
- Anschreiben per Mail mit vollständiger Adresse und Telefonnummer.
- Informationen zum Buch und zur Zielgruppe geben.

  Beispiel: Ein Jugendbuch für Jungen ab 12 Jahren, die gern Rad fahren. Ein Jugendbuch für Mädchen, die sich das erste Mal verlieben. Empfohlen ab 14 Jahren.

- Bildmaterial in Druckauflösung. Informationen zu Bildrechten beilegen, damit der Redakteur nicht lange nachfragen muss.
- Bei der Beteiligung an einem Event die eigene Pressearbeit mit dem Veranstalter absprechen.
- Nicht vergessen, auch bei lokalen Radios und Fernsehsendern nachzufragen.

8 NÜTZLICHE RESSOURCEN

8.1 Autorenprogramme und Shops

Dies sind die wichtigsten Autorenprogramme und die größten Verkaufsplattformen. Hier bringen Sie Ihr E-Book in den Verkauf.

AUTORENPROGRAMME UND SHOPS		
Amazon	Der Amazon-Shop	www.amazon.de
	Das Amazon-Autorenprogramm KDP (Kindle Direct Publishing)	www.kdp.amazon.com
Buchhandel.de	Die zentrale Verkaufsplattform des deutschen Buchhandels (ohne Autorenprogramm)	www.buchhandel.de
Beam	Unabhängige Szeneverkaufsplattform mit der Möglichkeit zum Direktverkauf	www.beam-ebooks.de
Bookmundo	Neues Autorenprogramm der Mayer'schen Buchhandlung (günstige ISBN-Vergabe)	www.bookmundo.de
Bookrix	Etablierter Distributor mit Community in Zusammenarbeit mit dem Verlag Bastei Lübbe (kostenlose ISBN)	www.bookrix.de
Ciando	Verkaufsplattform (ohne Autorenprogramm)	www.ciando.de
Google Play Book Store	Googles Verkaufsplattform, angegliedert an den Google Play Store	https://play.google.com/store/books
	Googles Partnerseite für Autoren	https://play.google.com/books/publish
iBook Store	Apples Verkaufsplattform für Bücher (angegliedert an iTunes)	https://itunes.apple.com/de/genre/bucher/id38?mt=11
	Apples Partnerseite für Autoren	www.apple.com/de/itunes/working-itunes/sell-content/books ▶

AUTORENPROGRAMME UND SHOPS *(FORTS.)*		
Kobo	Verkaufsplattform und Reader-Hersteller	*www.kobobooks.de*
	Kobo Shop	
	Kobo Writing Life (Autorenprogramm)	*https://de.kobo.com/ writinglife*
Neobooks	Distributor und Autorenprogramm in Zusammenarbeit mit Droemer Knaur und Rowohlt (kostenlose ISBN)	*www.neobooks.com*
Tolino Media	Das Autorenprogramm der Tolino-Allianz (große Buchhandelsketten, eigener Reader, kostenlose ISBN)	*http://tolino-media.de*
Xinxii	Internationaler, aber auch in Deutschland beliebter Distributor (kostenlose ISBN)	*http://www.xinxii.de*

8.2 E-Book-Reader (Hardware)

Die wichtigsten Hersteller von E-Book-Readern zum Anfassen.

E-BOOK-READER (HARDWARE)	
Kindle (Amazon)	*www.amazon.de*
Kobo	*https://de.kobobooks.com/#ereaders*
Tolino (Tolino-Allianz)	*www.tolino.de*
Pocketbook	Unabhängige Buchläden/Osiander-Reader *www.pocketbook-int.com/de* *www.osiander.de/ebook*

8.3 E-Book-Reader (Software)

Downloadquellen für E-Book-Reader für Computer, Laptop, Tablet und Smartphone.

E-BOOK-READER (SOFTWARE)	
ADE (Adobe Digital Editions)	www.adobe.com/de/solutions/ebook/digital-editions/download.html
Aldiko	www.aldiko.com
Bluefire Reader	www.heise.de/download/bluefire-reader-1179266.html
Chrome Magic Scroll (Browser-Reader)	https://chrome.google.com/webstore
Firefox EPUBReader (Browser-Reader)	https://addons.mozilla.org/de/firefox/addon/epubreader
Kindle für PC und Mac	www.amazon.de

8.4 Editoren für E-Book-Bauer

Programme zur Herstellung, Bearbeitung und Konvertierung von E-Books. Damit werden die Formate ePub und Mobi erstellt.

EDITOREN FÜR E-BOOK-BAUER		
Calibre	Calibre ist streng genommen kein E-Book-Editor, aber ein ziemlich nützliches Verwaltungsprogramm und ein Konverter für das Mobi-Format.	www.calibre-ebook.com
Jutoh	Grafischer E-Book-Editor für ePub, Mobi und andere Formate.	www.jutoh.com
LibreOffice OpenOffice	Eines dieser beiden Programme ist Voraussetzung für die Installation von Writer2ePub.	https://de.libreoffice.org www.openoffice.org/de

EDITOREN FÜR E-BOOK-BAUER *(FORTS.)*		
Sigil	Der wohl beste E-Book-Editor für Autoren mit Grundkenntnissen in HTML und CSS. Exportiert nur ePub.	Projektseite *www.sigil-ebook.com* Downloadseite bei Heise *www.heise.de/download/ sigil.html*
Writer2ePub	Streng genommen kein Editor, sondern nur eine Erweiterung für OpenOffice und LibreOffice für den Export von ePub. Writer2ePub hat zwar nur wenige, aber sehr nützliche Funktionen.	*http://writer2epub.it/en*

8.5 Ressourcen und Standards

Informationen zum offenen E-Book-Format ePub und zu den Standards von ePub2 und ePub3.

RESSOURCEN UND STANDARDS		
Epubzone	Englischsprachige Newsseite zum Thema ePub.	*www.epubzone.org*
IDPF	Das International Digital Publishing Forum hütet den ePub-Standard.	*www.idpf.org*

8.6 Hilfeseiten für Self-Publisher

Hilfeseiten für Self-Publisher zu Tools, Technik und Marketing.

SELF-PUBLISHER-SEITEN		
ePub3.de	Informationen für Autoren zum Veröffentlichen im ePub-Format.	*www.epub3.de*
lesen.net	Blog und Forum zum Thema E-Books.	*www.lesen.net*
Selfpublisherbibel	Umfangreiche Informationen zum Self-Publishing.	*www.selfpublisherbibel.de*

INDEX

Symbole

.epub *104*
.ibooks *104*

A

Absätze *49*
ADE *124*
Adobe Digital Editions *28, 99*
Adobe-DRM *107*
Aldiko *124*
Amazon *21, 122*
 DRM *108*
Apple *26*
 DRM *108*
Apple-ID *104*
Aufzählungen *33, 34, 43*
Autoren-Burn-out *16*
Autorenname *20*
Autorenseite *115*
AZW *38*

B

Beam *122*
Belletristik *13*
Bilder *34, 46, 89*
 Auflösung *46*
 Breite *46*
 Format *46*
 Höhe *46*
Bildkonverter *56*
Bildrechte *17*
Bildunterschrift *89*
Blogs *118*
Bluefire Reader *28, 124*

Bookmundo *107, 122*
Bookrix *107, 122*
Brackets *56*
Buchhandel *14*
Buchhandel.de *122*
Buchpreisbindung *17, 109*
Buchpreisbindungsgesetz *17*
Buch-Trailer *116*

C

Calibre *53, 124*
 installieren *62*
 Qualitätskontrolle *62*
Checkliste
 Autoren-Burn-out *16*
 Für den Pressetext *120*
 Leseprobe freigeben *22*
 Regeln für Aufzählungen und Tabellen *44*
 Vertrieb ohne ISBN *23*
 Wichtige Trailer-Regeln *117*
Chrome Magic Scroll *124*
Ciando *122*
Cover *13, 46*
CSS
 Absatz *86*
 Bild *89*
 Bildunterschrift *89*
 Crashkurs *50*

Einzug *88*
Größenangaben *51*
Grundbegriffe *50*
Klassen *87*
Überschriften *86*
CSS-Datei *41, 50*
CSS-Editor *56*

D

Deutsche Nationalbibliothek *19*
Digital Rights Management *107*
Distributoren *105, 110*
DRM *107, 109*

E

E-Book *12, 15, 21*
 Validierung *94*
E-Book-Reader *25*
E-Books verkaufen *102*
E-Book-Tabus *33*
E-Book-Text *34*
Einzüge *33*
eISBN *24*
ePub *38, 58*
ePub2 *42*
ePub3 *42*
ePub3.de *125*
EPUB-Checker
 Validierung *97*
ePub-Format *40*
EPUB Validator *98*
Epubzone *125*

F

Fachbücher 13
Fantasy 13
Farbwahl 33
Firefox EPUBReader 29, 124
Fließtext 34
Formate 38
Formatieren 38
Formatvorlagen 31

G

Genre 12
Google Play Books 27
Google Play Book Store 104, 122
Grafik 14

H

Hard-DRM 28, 107
Herstellung 14
Historische Geschichten 13
HTML
  Crashkurs 48
HTML-Datei 49

I

iBooks Author 27, 40
iBook Store 103, 122
IDPF 125
Impressum 18
Impressumspflicht 18
Inhaltsverzeichnis 33, 43

iPad 26
iResize 56
ISBN 22, 24, 105
  kostenlose 23
iTunes Connect 104

J

Jutoh 33, 53, 66, 124
  Bild einfügen 73
  Dokument aufteilen 72
  ePub 76
  Inhaltsverzeichnis 75
  installieren 66
  Metadaten 75
  Mobi 76
  Projektverwaltung 70
  Text formatieren 71

K

Kindle 25, 123
Kindle Direct Publishing 102
KindleGen 98
Kindle-Lese-Apps 27
Kindle Paperwhite 101
Kindle Previewer 98
Kindle Unlimited 103
Klappentext 21
Klarname 20
Kobo 26, 123
Konvertierung 65
Kopierschutz 38
Korrektorat 14
Kriminalromane 13
Künstlername 20

L

Layout 14
Lektorat 14
lesen.net 125
Lesungen 119
LibreOffice 30

M

Manuskript 30
Manuskripterstellung
  Werkzeuge 30
Marketing 14, 113
Mehrwertsteuersatz 18
Metadaten 47
Mobi 38, 58

N

Neobooks 106, 123
Nutzungsrecht 16

O

OpenOffice 30
Open Source 30
OPF-Datei 42

P

PDF-Format 39
PhotoFiltre 56
Pocketbook 26, 101, 123
Präsentation 114
Preisgestaltung 109
Pressearbeit 119
Profitools 56
Pseudonym 20

Index

Q
Qualitätskontrolle *99*

R
Ratgeber *13*
Recht *14*
Rechtskunde *16*
Redaktion *14*
Roman *13*
Rowohlt-Verlag
   Taschenbuch *21*

S
Sachbuch *13*
   Unterkategorien *13*
Satz *14*
Schlagwörter *114*
Schriftarten *33*
Schriftgrößen *33*
Science-Fiction *13*
Selfpublisherbibel *125*
Self-Publishing *14, 15, 21*
Sigil *33, 53, 78, 125*
   Buchansicht *81*
   Buchbrowser *81*
   Coverbild *92*
   CSS *84*
   ePub3 *79*
   Inhaltsverzeichnis *92*
   Installation *79*
   Metadaten *92*
   Projekt anlegen *82*
   Quelltext *81*
   Stylesheet *84*
   Überblick *80*
Social Media *116*

Soft-DRM *108*
Steuerzeichen *32*
Stockphotos *17*

T
Tabellen *33, 34, 43*
Tabulatoren *33*
Tabus *33*
Taschenbuch *21*
Text *31, 34*
Textfelder *33*
TOC-Datei *42*
Tolino *25, 101, 123*
   Distributor *106*
Tolino Media *123*
Trennungsstriche *33*

U
Überschriften *31, 43, 49, 51*
Umflüsse *33*
Unterstreichungen *34*
Urheberrecht *16*

V
Validierung
   Calibre *95*
   EPUB-Checker *97*
   extern *97*
   Sigil *94*
Veranstaltungen *119*
Verkaufsplattformen *114*
Verlag *14*
Vertrieb *14*
Verwaltung *14*

W
Webshop *112*
Website *116*
Werbung *116*
Wissenschaftliche
   Werke *13*
WordPress *112*
Workflow
   Methoden *54*
Writer2ePub *31, 33, 52, 58, 125*
   installieren *59*

X
XHTML-Dateien *41*
Xinxii *123*

Z
Zeilenabstände *33*